中华文明

思想卷

刘单平 著

泰山出版社 · 济南 ·

图书在版编目（CIP）数据

小天下·中华文明. 思想卷 / 葛剑雄主编；刘单平著. —济南：泰山出版社，2021.2

ISBN 978-7-5519-0325-7

Ⅰ. ①小… Ⅱ. ①葛… ②刘… Ⅲ. ①中华文化—青少年读物 ②思想史–中国–青少年读物 Ⅳ. ①K203-49

中国版本图书馆CIP数据核字（2021）第034180号

小天下·中华文明　思想卷

XIAO TIANXIA · ZHONGHUA WENMING　SIXIANG JUAN

策　　划　胡　威
主　　编　葛剑雄
副 主 编　谭好哲
著　　者　刘单平
责任编辑　程　强
装帧设计　路渊源

出版发行　泰山出版社
社　　址　济南市泺源大街2号　邮编　250014
电　　话　综　合　部（0531）82023579　82022566
市场营销部（0531）82025510　82020455
网　　址　www.tscbs.com
电子信箱　tscbs@sohu.com
印　　刷　山东通达印刷有限公司
成品尺寸　148毫米×210毫米　32开
印　　张　8.75
字　　数　173千字
版　　次　2021年2月第1版
印　　次　2021年2月第1次印刷
标准书号　ISBN 978-7-5519-0325-7
审 图 号　GS（2021）5060号
定　　价　36.00 元

总　序

这套丛书命名为《小天下》，自然是出于孟子的话："孔子登东山而小鲁，登泰山而小天下。"孟子的意思很明白，登高才能望远，才能望遍。就是孔子这样的圣人，也必须借助高度，才能超出正常视力的极限。如果只登上高度有限的东山，至多只能看到鲁国的全貌；只有登上当时人心目中的最高峰——泰山，才能阅尽天下。

时至今日，我们早已明白，孔子、孟子心目中的最高峰泰山离地球上的最高峰差距甚大，就是能登上珠穆朗玛峰，能看到的也只是地球这个"天下"的极小部分。只有登上宇宙飞船，并且还得借助特殊的工具，从外太空才能看到地球的全貌。但此话的哲理完全正确，古今不易。所以我们编这套丛书的目的就很明确——为我们的读者提供登上东山、泰山，以至珠穆朗玛峰的阶梯，使他们能不断扩大视野，一步一步“小天下”。

我们主要的读者对象，是高中生、大学生或相应文化程度的青年，也就是说，这套书是适合他们的阶梯。

“书山有路勤为径，学海无涯苦作舟。”韩愈这两句话流传了一千多年，一直是激励青少年刻苦求学的名言。但到了今天，光靠勤和苦已经攀不上书山，渡不过学海了。因为这座书山过于高大，并且每时每刻在增高扩大；这片学海过于浩瀚，并且分分秒秒在拓宽加深。如果一味只讲勤和苦，以一个人有限的时间、精力和生命，也许只是在山麓徘徊，在海滨徜徉。唯有找到了阶梯，又具备攀登的实力；发现了渡船，又有了正确的导航；方能如愿以偿，接近顶峰，靠近彼岸。

人类积聚到今天的全部知识和学科，基本可以分为两类——人文和科学。我们提供的阶梯也就包含这两个部分，有的书侧重于人文，有的书基本内容是科学，有的书两者兼顾。但无论哪一种，都不是哪一门学科知识的简单延伸或扩展，都不是某门课的教学辅导书或什么解题宝典，而是人文与科学的结合。我们的读者，无论他们今后从事何种工作，选择什么专业，发挥哪方面的作用，在社会上处在什么地位，都需要奠定这两方面的基础。就人文而言，重要的是通过哲学、历史、文学、艺术、美学等学科的学习，确立基本的价值观念、审美情趣、生活方式、理想信念，而不仅仅是具体的知识。就科学而言，重要的是通过对自然科学、社会科学主要领域的学习，掌握基本的逻辑推理、归纳综合、分析思维的能力，而不仅仅是具体的概念。

正因为如此，我们的选题并不对应于高中、大学的课程，也不求覆盖全部学科，而是选择了一些关键性、综合性，特别是我们的读者最需要的一些专题，陆续出版。首批的各卷分别是国家、民族、军事、商业、思想、文学、艺术、民俗，后续各卷将分批出版。“小天下”的阶梯将不断升高，不断增宽。

我们的作者都是优秀的学者、教师，尽管他们自己未必已达到一流水平，但要求他们必须应用本专业、本领域的一流成果、权威结论。还要求他们用读者喜爱的表达方式、能明白的语言，像老师与同学们谈心聊天那样来写这套书。我们更希望在这套书问世以后，作者能走进校园，走向社会，与读者们交流，了解他们的需求，听取他们的意见，不断修订完善，使“小天下”的阶梯愈益精良坚实，也使阶梯的使用者持续增多。

葛剑雄

目录

绪论

任继愈先生在《爱祖国是学习的真正动力》中，曾说过“爱祖国，首先要了解祖国，不了解，就说不上爱”[①]。《小天下·中华文明：思想卷》旨在为青少年和热衷中国传统文化的读者提供一种从中国传统思想的主体——儒、道、佛的发展进程和影响层面了解中华文明的途径。不论是在中国境内还是在世界其他国家，中华儿女都有一个共同的名字——中国人。我们说自己是中国人，不仅因为我们有黑色的眼睛和黄色的皮肤，更因为我们的血液里流淌着中国传统文化的基因，我们的言行举止诠释着中国人的价值取向和道德追求，这正是中国人之所以为中国人之根本。正如闻一多先生所言，“我爱中

① 任继愈：《爱祖国是学习的真正动力》，载罗志霖《治学学概论》，成都科技大学出版社，1990，附录。

国固因他是我的祖国，而尤因他是有他那种可敬爱的文化的国家”[①]。了解中国传统思想的起源，宏观把握中国传统思想的发展脉络，精确解读作为中国传统思想三大主干的儒、道、佛的思想精华，掌握承载中国优秀传统思想的经典的阅读方法，有助于加深我们对中国传统文化的认知，增强民族自豪感、文化自信心和民族凝聚力。

中国文化的“可敬爱”，首先表现在她有着悠久的历史和包容的品格。中国文化的包容性，既表现在尊重本民族文化内部的多样性，又体现在以博大包容的胸怀吸纳世界其他地区的先进文化。中华文明是世界上唯一没有中断过的文明，在不同的历史发展阶段文明的表现形式不同。本书的前两章分别从中国传统思想的起源和发展脉络上勾勒中华文明在不同时期体现在思想上的独特魅力。那些最早生活在中国境内的原始初民，自产生之日起就以其独特的方式开启了对生命、环境和宇宙的探索之旅，由此产生了人类在不同时期的种种认识，这些认识构成了中国传统思想的最初源头。蒙昧时期，人们的思想认识大体上可以概括为“灵魂不灭”“万物有灵”“图腾崇拜”。随着人们认识世界和改造世界活动的进一步深入，在原始社会向阶级社会过渡时期，原始巫文化开始发生重大变化，巫师开

① 闻一多：《〈女神〉之地方色彩》，载《闻一多全集》，人民文学出版社，1998，第198页。

始与氏族首领的身份合二为一。进入阶级社会以后，政权和神权、世俗社会的最高统治者和宗教信仰中的至高神进一步结合，“尊帝崇祖”的信仰开始成为商代社会的鲜明特征。商代的祖先崇拜直接催生了中华祭祖文化，影响中国社会数千年。周代经由周公“制礼作乐”，奠定中华文明基础的礼乐文化初步形成。周公被尊为“元圣”，他在融合夏、商时期礼乐精髓的基础上，立足西周社会现状进行创造性改造和调整，形成了以“敬德保民”“贵德配天”为核心的新的周代礼乐文明，从而为国人制定了一套比较系统的社会规范和道德规范，不仅开启了中国古代文化由神本向人本的转变，更为中国向更加文明的“礼制社会”转变、赢得“礼仪之邦”的美誉奠定了基础。周代，卜筮文化得到了进一步发展，催生了中华文明所独有的象、数思维。《周易》成书之初虽是为卜筮而作，但其中也蕴含着深奥的哲理和朴素的辩证法思想，对春秋战国时期诸子百家的思想产生了重要影响。

春秋战国时期是中国思想史上最为繁盛的时代。这一时期出现了百家争鸣的盛况，在诸子百家中，尤以儒家、墨家、道家、名家、法家、阴阳家、兵家的思想对后世影响最为深远。这些学派及其思想初步形成了中国传统思想的框架，奠定了中华文明的基础。虽然各派学者有不同甚至相反的主张，彼此之间经常辩论和诘难，但在辩论中彼此吸收、相互融合的趋势逐渐凸显。相比其他各家，儒、道两家虽然也广泛吸收融合其他诸家的优秀思想，但仍能保留着其核心思想，并能根据时代发展需求做出调整和创新，因而从百家中脱颖而出，春秋战国以后影响中国数千年。正如李约瑟所说，“儒教和道家的基本思想却已经成为每一个中国人的精神世界的背景，无论他受过多少世界主义的教育和环境影响……中国人的生活方式中有许多最优良的传统都是从这两个思想体系中汲取来的”[①]。

诸子百家在争鸣中融合的趋势在秦汉时期继续向纵深发展，中国传统思想内部迎来大融合大发展时期。秦朝统一后重用法家思想，加强思想控制，诸子百家之间的争鸣论战也暂归于沉寂。进入汉代，儒、道两家立足当时的社会现实需求，更加广泛地吸收诸子百家中的优秀思想，并对自身理论进行创造性改造，相继成为国家的统治思想。魏晋时期，玄学将儒家的政治伦理和道家的哲学观念进一步融合，初步形成了中国传统思想史上儒、道并立、互补融合的局面。从此以后，儒家和道家思想作为中国传统思想的主体，长期塑造着中国人的性格特征。

1 世纪前后，佛教传入中国，打破了儒、道并立的局面。儒、道、佛在冲突中融合、在融合中发展，成为汉代以后中国思想文化的重要内容。初入中国，佛教徒就意识到儒、道对当

①李约瑟:《四海之内》，劳陇译，生活·读书·新知三联书店，1987，第106~107页。

时中国社会的影响，在传播初期依附于本土文化，通过论证三家的一致性来减少传播阻力。南北朝时期，佛教势力进一步增强，道教也逐步获得官方承认，成为正统宗教。随着势力的扩大，佛、道之间在教义、争取统治者支持和争夺信众等方面的矛盾不断激化，双方既有以辩法为形式的文斗，又有借助皇权力量进行的镇压斗争，如佛教史上的三武一宗之厄，除了五代后周世宗的废佛运动，其余皆有道教参与鼓动。儒、佛之间围绕佛教思想的论战也时有发生。

儒、道、佛之间虽有矛盾斗争，但更多的是融合渗透、互相吸收和彼此借鉴，最终在隋唐时期形成了儒、道、佛三家鼎足而立、互融互补的思想文化格局。隋唐时期，佛教的发展达到鼎盛。佛教的中心由印度转移到中国，受儒、道思想影响的中国化的佛教宗派大量涌现，其中以三论、天台、法相唯识、禅宗、密宗、净土、华严、律宗等八大佛教宗派最为著名。这一时期，道教也得到了长足发展。李唐王朝奉老子为皇室先祖，在全国各地广建老子庙，命各地铸老子像，唐玄宗更是将先秦道家著作纳入科举考试的内容，并尊道教为国教，这些举措使道教获得前所未有的尊崇。隋唐时期，虽然儒家在国家治理上仍占据统治地位，但失去了意识形态上的独尊地位，随着佛、道的兴盛，以及统治者对三教并立的提倡，儒、道、佛三家鼎足而立的局面最终形成。

宋元时期儒、道、佛三家合流、三教融合的趋势凸显。隋唐时期确立的三教鼎立的格局，在五代十国时期开始发生变化，到宋代时三家合流、三教融合的趋势已经大致成型。宋代统治者在对待佛、道两教上，基本保持理性，没有出现过激行为或过度尊崇某一宗教的现象。元代则以藏传佛教为国教，实行宗教宽容政策，汉传佛教和道教的各教派都能够得到较为公正的对待。儒、道、佛在这一时期皆有发展，且呈现出三家合流的大趋势。此时的佛教学说、道教学说和儒家的程朱理学皆带有融合三家的显著特色。程朱理学在元代正式获得官学地位，凸显了儒家的重要地位。

明代时，以理学为代表的儒学强势回归，重新获得官方独尊地位。以儒家为主体，儒、道、佛三教合一的思想文化格局最终形成。明代统治者总结元亡的教训，严格控制佛教的发展。道教虽受到明代统治者的推崇，但随着官爵世袭，正一天师道内部在道法、道制方面均无大的建树。清代时，以儒家为主、佛道为辅的思想文化格局继续存续。程朱理学虽然在清代继续被奉为官方统治思想，但日益呈现僵化之势，在义理上鲜有创新，逐渐走向没落。此时的佛教和道教也因清政府的严格控制而呈现颓败之势。

在中国传统思想的发展历程中，儒、道、佛之间虽有纷争，但相互借鉴与融合是主流。三家在社会生活和国家治理中发挥着各自独特的作用，共同塑造着中国人乐善、好善、行善的优秀品格。

中国文化的“可敬爱”还表现在她不仅创造了以儒、道、佛为主体、光辉灿烂的中华文明，而且塑造了中华民族独特的精神气质和精神品格，形成了中国人特有的思维方式、思想品格和言行举止。正如陈寅恪先生所说：“故自晋至今，言中国之思想，可以儒、道、佛三教代表之。此虽通俗之谈，然稽之旧史之事实，验以今世之人情，则三教之说，要为不易之论。”① 儒、道、佛作为中国传统思想文化的主流，虽各有其特征，在“治世”“修心”“治身”三个领域发挥作用的侧重点不同，但在相互融合中共同塑造着中华民族的鲜明特征。

儒学由春秋时期的孔子创立，经由孟子、荀子等发展，渐成为显学。孔子对中华文明的贡献，首先在于打破学在官府的局面，开私人讲学之风，使文化教育下移到普通百姓，为战国时期思想文化出现百家争鸣的盛况创造了条件，因而被尊为至圣先师、万世师表。其次，他开创了以“仁”“礼”为核心的儒家学说。后世大儒虽对儒家学说多有发挥和创新，但“仁”和“礼”的核心地位从未动摇。“仁”和“礼”不论是在治国安邦的政治领域，还是在追求个体道德圆满的私人领

① 陈寅恪：《冯友兰中国哲学史下册审查报告》，载陈寅恪《金明馆丛稿二编》，上海古籍出版社，1980，第251页。

域，始终发挥着极其重要的作用。孟子和荀子作为先秦时期孔子思想的杰出继承者，分别在不同的方面发展了孔子思想。孟子“仁”“义”并提，在完善孔子“仁”的学说的同时，又将“义”提升到了一个重要位置。同时他首倡人性善，并以此为基础提出了“仁政”“王道”的政治主张。与孟子相反，荀子主张人性恶，提出以礼约束人的行为、治理国家，并将法纳入礼治的范畴。先秦儒家高瞻远瞩提出的政治主张，虽未被当时忙于争霸兼并的诸侯们接受，但经汉代大儒董仲舒改造后，适应了大一统君主专制统治的需要，成为官方意识形态，影响了中国社会数千年，塑造了中国礼仪之邦的国家风貌和中国人重德行、贵礼仪的民族特征。董仲舒在保留儒家核心思想的同时，广泛吸收墨家、道家、法家、阴阳家等学派的思想，以“天人合一”和“天人感应”说对先秦儒家进行创造性改造，以此宣扬君权神授，并提出了中国封建社会最重要的社会规范——纲常伦理。魏晋以来，随着佛、道的兴盛，儒学逐渐式微，逐渐丧失了意识形态上的独尊地位，直到宋明之际程朱理学和陆王心学的兴起而再度兴盛发展。朱熹是宋代理学的集大成者，在完善理学体系、建立儒家道统和创立“四书”体系上贡献巨大。朱熹的思想在元、明、清，一直是占据统治地位的官方哲学和主流意识形态。王阳明是明代心学的标志性人物，以“心即理”“致良知”“知行合一”为理论框架。与被立为官方正统的程朱理学不同，阳明心学在民间流传很广。清代时，理学因循守旧，理论上难有创新，逐渐走向衰落，经学（小学，即考据学）逐渐崛起并成为清代学术的主流。

儒家思想对中国人的影响可以说是内化于人们的思维方式，外化于人们的日常行为，并在经济、政治、文化等方面影响了历朝历代的国家政策，塑造了中华民族的独特魅力和中国的大国风范。以儒家思想对中国人的世界观、人生观和价值观的影响为例，一是塑造了中国人“天人合一”的世界观。中国人在对待天命上，既有敬天畏命、顺天受命等消极的因素，又有发挥人的主观能动性，修身、尽人事等积极的因素。二是塑造了中国人积极进取、建功立业的人生观。儒家思想不仅为中国人设定了由近及远的人生目标——修身、齐家、治国、平天下，还为中国人树立了不论顺境、逆境都要奋发有为的人生追求和以天下为己任的担当精神。三是形成了重和谐、尚中庸的思维模式和价值追求。中国人不仅将“和”运用到审美观上，体现在日常生活中，还用“和”的思想处理国际关系，对待外来文化。中庸是中国人最典型的思维方式之一，涵养了中国人既稳重又通权变，始终保持理性，不偏不倚，不走极端的性格特征。

道教作为中国土生土长的宗教，与儒家一起塑造着中国人的性格特征和中国社会生活的独特面貌。道家和道教常被混为一谈，二者既有密切联系又有明显区别。由道家到道教，大体经历了三个阶段：一是以老子和庄子为代表，以“道法自然”为特征的先秦道家学派；二是以先秦道家学派为基础，吸收儒、墨、名、法等各家在国家治理方面的积极做法，借用天道自然的思想，推行无为而治的治国理念的汉初黄老学派；三是以道家思想为基础，通过吸收传统的神仙信仰、古代巫术，于东汉末年形成的以长生不死、得道成仙为主要追求的民族宗教——道教。道教最初为民间教团，流派复杂，以东汉末年的太平道和五斗米道最为著名。因太平道的创始人张角发动了黄巾起义，太平道受到残酷镇压，从此销声匿迹。五斗米道（亦称天师道）则存续下来，后适应统治者需要，内部进行改造和创新，演变为新天师道，后构成道教的正一道。

魏晋时期，统治者对道教采取压制的措施，直到东晋以后，道教才得以复苏。三国时期葛玄创立以祈祷请神、礼拜斋醮等道术为特征的灵宝派，并在下层百姓中广泛流传。南北朝时期，道教内部进行了自我改造，逐渐取得官方的承认和支持。北魏时，寇谦之将五斗米道改造为新天师道（即“北天师道”），南朝刘宋的陆修静进一步对天师道进行改革，史称“南天师道”。在二人的共同努力下，道教在南北方逐步兴盛起来。后来陆修静的再传弟子陶弘景创立了茅山派。这些在道教历史上有重大影响的教派在南北朝时期皆已形成。隋唐是道教发展的繁荣时期。隋朝时，南北天师道合二为一，势力不断壮大。唐代时，统治者不仅自己尊奉道教，还在全国范围内大力推崇道教，并将道家著作纳入科举考试的内容。唐代是道家炼养派中外丹术的黄金期，因迷恋丹药中毒而亡的皇帝就有多位。北宋时，天师道、茅山派和灵宝派成为道教的三大符箓派，号称“三山符箓”。符箓派即画符念咒派，长期占据道教的主流地位，并受到统治者的尊崇。金元之际，王重阳创建全真道，开创了性命双修、先性后命的内丹炼养派。在其弟子“全真七子”的努力下，全真道在元代政治地位得到极大提升，不仅传遍南北，还将道教的南宗教团纷纷合流于全真门下。元代天师道也颇受尊崇，张陵后裔张与材被封为“正一教主”，总领三山符箓，此后道教的符箓派统称正一道。自明清以来，道教诸多流派中唯有正一、全真两大派流传，形成了中国道教南正一、北全真的格局。明代时，正一道受到格外推崇，成为全国道教的统领。虽然明代帝王沉迷道教方仙之术，正一道貌似繁盛，但因缺乏严格的管理制度和戒律而衰落。清代时，帝王推崇佛教，抑制道教，正一道的政治影响力进一步减弱，全真道诸派中也仅有龙门派呈中兴之象。

道家对中国人的世界观、人生观和价值观皆有重要影响。道家认为“道”是世界万物的本源，以自然无为为本性，以利万物为特征。对“道”的认识使道家看问题的视野很广，从而塑造了中国人看问题的大视野和大格局。不仅如此，道家关于天地万物在“道”的支配下发展变化的认识，也使中国人养成了居安思危、未雨绸缪等辩证思维和忧患意识。道家思想对中国人价值观的影响主要体现为中国人行善去恶的价值取向、崇尚节俭的观念和对自然之美的偏爱。在人生观方面，道家教人们知足，淡泊名利，不要为外物所累。道家贵生，不仅重视形体的健康，同时也关注精神、心理的健康。面对人生中的贫富、美丑、夭寿等矛盾的境遇，以及死亡的困境，道家教人们不要被外在的各种现象所迷惑，要透过各种现象去体味、顺从不变的“道”，由此超越眼前的各种困境，实现心灵的安宁与解脱。当前社会发展迅速，生活节奏明显加快，人与人之间的竞争关系逐渐加剧，个人受到来自外界的压力陡增，这就使得焦虑、抑郁等心理疾病日益凸显。道家“重人贵生”的思想，“我命在我不在天”的理念，“少思寡欲”“广积善德”的方法越来越为医学界所重视，运用道家思想治疗心理疾病的理论研究和医学实践日益增多。

佛教作为一种外来宗教，于1世纪前后沿丝绸之路传入中国。魏晋时期，佛教的传播迎来第一个信仰小高潮。为了取得上层社会的支持，佛教立足当时名士公卿尚清谈的学术环境，大力传播大乘般若学，并积极寻求般若学和魏晋玄学的融合。南北朝时期是中国佛教史上产生译经最多、出现的佛学学派最盛、佛学研究最广的时期。佛教僧人自觉吸收儒、道思想，通过翻译经典、研究义理、创立学派等宣扬中国化的佛教教义，吸引受儒、道思想影响深远的中国信徒。隋唐时期是佛教发展的兴盛时期，世界佛教的中心由印度转移到中国。隋代直至唐玄宗时期，形成三论、天台、法相唯识、禅宗、密宗、华严、净土、律宗等八大佛教宗派。如此众多的佛教宗派的出现是佛教兴盛和中国化的重要标志。此时，大批外国留学僧来华，跟随不同的佛教宗派学习，回国后将中国化的佛教发扬光大。五代十国时期战乱不断，佛教屡次遭受打击和抑制，开始呈现式微的趋势。宋代统治者推崇道教，对佛教采取限制发展的政策，佛教向世俗化、民间化转向。比如，更注重用通俗化语言宣传佛教教义、在伦理道德方面主动向儒家思想靠近、提倡在家修行等，这使得皈依佛教的教徒由达官显贵扩展到地方豪富和普通百姓。元代，伴随着信奉藏传佛教的元世祖忽必烈即位，藏传佛教在政权支持下迅速传入汉族地区，汉地佛教也得到进一步发展。自唐以来渐趋衰落的寺院经济在元代开始振兴并达到顶峰。明代严格控制佛教，废除了藏传佛教在内地的特权，但给予藏传佛教上层重要的礼遇。明代汉传佛教仍然以禅宗和净土宗最为流行，这一时期出现了大量的“善书”和“宝卷”，推动了佛教在民间的传播。清代在严格控制汉传佛教的同时，对藏传佛教上层加以拉拢，试图借助他们的力量加强对西藏和蒙古的统治。

佛教自两汉之际传入中国后，自觉向中国本土儒、道文化靠拢，并根据中国社会的需要不断自我革新，逐步形成了中国化的佛教文化。与印度佛教罕言现报不同，宋代以来中国化的佛教更多地体现出世俗化和民间化发展倾向。佛教在唐代形成了八大教派，除禅宗外，皆用章疏来表达自己对佛典的理解，组织和发挥本派学说。章疏后被当成正式的佛教经典流传开来，极大地丰富了中国佛教的思想宝库。禅宗是最为典型的中国化佛教教派，以“不立文字、教外别传、直指人心、见性成佛”为特征，对后世影响极为深远。中国化的佛教思想是中国化佛教文化的精髓。总之，中国化的佛教文化与儒、道文化互相影响，并立互补，影响到中国社会的各个领域，直接参与塑造了中国人的价值观念、民族心理和生活方式。

儒、道、佛之所以能成为中国传统思想的三大主干，原因是多方面的，但最主要的原因是三家能够从不同时期的社会实际出发，通过不断重新诠释元典、自我革新来满足国家和社会的需求。

中国文化的“可敬爱”还表现在她以深刻的内涵和普世的价值影响着世界其他文明的发展。儒、道、佛作为中国传统文化的重要组成部分，不仅为中国社会的发展做出了杰出贡献，而且对世界文明也产生了重大影响。

儒家思想给西方思想界诸多启发，丰富了世界文化的内容。儒家典籍的西传可追溯到明末清初的传教士。传教士们的典籍翻译在西方学术界掀起了一股中国热，激起了西方学者对中国文化的兴趣和研究热情。18世纪是中国思想尤其是儒家思想传入欧洲、影响欧洲的极盛时期。欧洲上层社会不仅开始在衣食住行方面效仿中国，思想界也广泛关注和研究中国文化，启蒙思想家更是将儒家思想用作反宗教神学的有力武器。法国和德国的许多启蒙思想家，如伏尔泰、狄德罗、费尔巴哈、莱布尼茨都受到过儒家思想的影响。儒家思想对东亚、东南亚国家的影响尤为明显。儒学以中国为中心，辐射到朝鲜、韩国、日本、越南等东亚、东南亚国家，对这些国家的治国思想、伦理道德和社会生活等方面都产生了不同程度的影响。这些国家将儒家思想和本国实际相结合，从不同角度继承和发展了儒家思想。

道家思想在西方的传播也可追溯至明末清初的传教士，不过早期传教士对道家典籍重视不够，有影响力的《道德经》西译本直到19世纪才开始出现。道家的典籍外译虽起步晚，但发展迅速。《道德经》不仅拥有数量众多的外译本，而且长期占据西方最畅销的中国书籍的榜首。道家典籍的翻译推动了海外道教研究。法国、美国、德国、英国、荷兰、加拿大等国的道教研究硕果累累。经过两次世界大战的西方人更是试图从道家思想中找到走出战争阴影、寻得心灵慰藉的灵感，第二次世界大战后道家思想在西方得到广泛传播，对德国、美国、法国等西方国家的文学、艺术、哲学等诸多学科都产生了重要影响。道家思想在东亚和东南亚的传播主要通过两条途径：一是周边国家主动派遣使臣或留学生到中国学习，主动引进道教；二是伴随东南沿海移民的步伐，华人移居海外，从而将自身的道教信仰和道家思想带到海外。以朝鲜半岛和日本为例，道家思想的传入对其政治、医学、社会习俗等都产生了较大影响。

中国是当今世界唯一具备大小二乘和三大语系（汉语系、藏语系、巴利语系）佛教的国家，长期处于世界佛教的中心地位。佛教在西方的传播最早可追溯至13世纪的元朝。欧洲来华的传教士开始在书信中简要提及中国的佛教信仰。19世纪随着汉学的兴起，西方学者开始关注佛经的译介和研究，对藏传佛教及华严宗、天台宗、净土宗等汉传佛教宗派也给予更大的兴趣和关注。今天，古老的佛教早已跨洲越洋，在包括北美和欧洲的广大范围内流传。① 中国佛教文化在世界佛教文化复兴与发展中发挥着重要的作用。

中国佛教是朝鲜（编者注：朝鲜特指历史上李氏朝鲜王朝）佛教和日本佛教的发源地，自隋唐开始传入朝鲜和日本，

① 参见洪修平：《中国佛教文化历程》（增订本），江苏教育出版社，2005，第378页。

对朝鲜和日本的社会和文化都产生重要影响。朝鲜和日本在继承、吸收中国佛教的基础上，将之与本土文化相结合，形成了各具特色的民族化佛教。中国、朝鲜和日本佛教团体之间虽有区别，更有联系，在相互交流互动中形成了“东亚佛教文化圈”，共同影响着世界佛教文化的发展和走向。东南亚国家主要信奉南传佛教，汉传佛教在东南亚的传播主要依附于华人社区，在华人中传播。

正是因为中国传统思想有着如此众多可敬爱的特质，我们才更需要了解她、发自内心地热爱她，并且不遗余力地传承她。中国传统思想是一代又一代中华儿女共同创造的，经过时代的洗涤流传至今，培育了一代又一代具有中华民族特质的中国人。中国传统思想的内核从古至今一直在中国乃至世界舞台上发挥着积极的作用。我们要正确认识中国传统思想的优秀基因、剔除其糟粕，充分发挥其在新时代中国特色社会主义建设中的积极作用，并推动中国优秀传统思想在世界范围内传播，为解决人类共同面对的困境贡献中国智慧。

第一章

中国传统思想的起源

“思想”二字都和心有关，孟子说，“心之官则思”（《孟子·告子上》），因而本书主要是介绍人类在不同的历史时期想什么，以及怎样想的思考历程。原始初民生活环境极其恶劣，他们既面临着洪水、地震、火山、干旱等恶劣的生存环境的威胁，又要提防毒虫猛兽的袭击，还经常受到疾病和瘟疫的折磨，在与种种灾难展开殊死搏斗的过程中，对其生存环境、各种自然现象、生老病死的生命发展规律等给出了自己的原始认识，这些认识构成了中国传统思想的源头，即蒙昧时代的万物有灵。随着生产力的进一步发展，人们对世界和自身的认识逐步深入，人的重要性逐渐被发现，人的自主性得到进一步发挥，体现在宗教信仰上就是从蒙昧时代的自然崇拜向文明初生时期“尊帝崇祖”的信仰过渡，这在殷商时期的甲骨文和巫文化中得以集中体现。进入周代，经由“元圣”周公的“制礼作乐”，作为中华文明基础的礼乐文化初步确立，以德性为核心的伦理观念初步形成，祭祀文化中的理性光芒也日益凸显，开启了中国古代文化由神本向人本的转变。

第一节　蒙昧时代的万物有灵

人类自出现以后，就开始了对自己的生命和外部生存环境的探索，但是受当时社会生产力水平及人类自身实践能力的限制，这些认识往往是零碎而又片面的，尽管这些零碎片面的认识在今天看来多是错误的，但反映了那个时期原始初民最初的思维方式和认知路径，影响了中国传统文化的未来发展走向。正如拉法格所说：“在生命中和在自然中都存在着许多谜，这些谜常常占据着人的脑力，一旦当人们开始思想，他们就试图来解答，并且尽其所能和按照他们的知识所允许的限度内解答了它们，原始人的这些解答，许多次都不得不是错误的，却变成了无可争辩的真理，作了思想的结构的基础。”[①] 我们可以从原始初民对自身、对环境和对万物起源的认识上，初步探索蒙

① 拉法格：《思想起源论》，王子野译，生活·读书·新知三联书店，1978，第121页。

昧时代人们对社会的认知特点。

首先看原始初民对自身生老病死的认识。在原始初民的原始思维方式中，灵魂居住在人的身体中，梦是灵魂离开身体外出游荡的结果，当灵魂回归身体，人也就会从梦中醒来。灵魂在外游荡所碰到的人、事、物和进行的种种活动都会在梦中体现出来。梦中的种种情景和形象都是鬼神的安排，体现着鬼神的旨意。如果一个人梦到与逝去的祖先交流，这预示着祖先正在以这种方式传递某种旨意；如果梦到自己参加狩猎活动，则预示着即将进行的狩猎活动是否可以圆满顺利。如果灵魂长时间在外游荡，离开身体太久，人就会生病。如果灵魂久出不归，人就会一直在睡梦中，醒不过来，这也是原始初民对死亡的理解。他们同时认为，虽然人死了，但是灵魂不会随之消亡，而是继续在另外一个时空生活。丧葬方式和殉葬品无不体现了原始初民为了方便灵魂出入和更好的生活所做的精细考虑。从丧葬方式上看，早在旧石器时代，山顶洞人就已试图通过在尸体四周撒上赤铁矿粉粒，为灵魂寻找新的寄生处。在半坡遗址中挖掘出了数量众多的儿童瓮棺墓，在瓮、钵等陶器的底部或用作棺盖的陶钵或陶盆上，大多有一个小孔，小孔上往往还加盖一块内表面涂有红色颜料的小陶片。尸体的安放也已有了一定的方向和位置，半坡遗址中死者一般头向西方，而马家窑遗址中则头朝东、面向北。从随葬物品看，在新石器时代的文化遗址中，随葬品绝大部分是生活用品和生产工具，装饰品数量不多。如大汶口多以工具、猪头、骨作为随葬品，而西安半坡多以粟为殉葬品。这些为“灵魂”准备的东西，表明至少在旧石器时代晚期，或新石器时代，“灵魂不灭”的观念已在原始初民中普遍存在。

其次看原始初民对与自己休戚相关的生存环境的认识。原始初民的认识能力极端低下，对自然界中出现的各类自然现象，如刮风、下雨、闪电、雷鸣、冰雹等缺乏必要的知识；对火山、地震、洪灾、瘟疫等巨大灾害无法做出正确的解释。出于对这些超越自身的力量的恐惧和崇拜，他们从自身出发，猜测这些无法解释的现象是由各种神秘的力量所支配的，进一步推测既然人有不受自身支配的灵魂，那么，自然物当然也是有灵魂的，正如彝族古歌中所唱的“日无魂不亮，月无魂不明，人无魂难活”[①]。在这一认识的影响下，日月星辰、山川河流、动物植物等与人类密切相关的东西都被人格化，成了有灵性的东西，这就是古代先民万物有灵的认识，这也为图腾崇拜提供了前提。在阶级、等级关系产生之前，虽然氏族内部个人的力量有大小之分，但没有严格的等级区分和隶属关系，因而原始初民认为自然界中诸神灵的地位和权威也是平等的，没有隶属

① 彝族丧歌《喀吉思》里面的句子。

关系。原始初民从自身需要出发选择对众多自然神进行崇拜。虽然原始初民崇拜、敬畏自然神，但对这些神灵并不是一味顺从，随着自我意识的觉醒，渴望改变恶劣的生存环境的抗争精神逐渐凸显，并在上古神话中有所体现。据《山海经》记载，炎帝的小女儿女娃，有一次去东海游玩，遭遇风浪，被淹死在东海里。女娃痛恨东海夺去了她的生命，于是死后就化作一种长着花脑袋、白嘴巴、红足爪和形状像乌鸦的禽鸟住在北方的发鸠山。它经常会衔着西山的树枝和石子，试图去填塞东海。因为该鸟发出的悲鸣声听起来就像“精卫”，因而被称作精卫鸟。“刑天断首”讲的是炎帝手下的大将刑天，跟随炎帝东征西战，立下赫赫战功。阪泉之战，炎帝被黄帝打败后，刑天便跟随在炎帝身边，定居在南方。刑天不服黄帝，在蚩尤举兵反抗黄帝的时候，曾试图加入却被炎帝阻止。蚩尤战败被杀后，刑天异常愤怒，便手持利斧，去与黄帝决战，最终被黄帝斩首。虽然没了头，但刑天并没有死去，而是将两个乳头当作眼睛，把肚脐当作嘴巴，左手拿着盾牌，右手紧握斧头，不停地挥舞，试图继续战斗。这些神话故事在东晋陶渊明的诗句中也多有体现：“精卫衔微木，将以填沧海。刑天舞干戚，猛志固常在。”（《读山海经》其十）

再次看原始初民对“我”是谁、“我”从何处来的探索。由于生产力水平极端低下，原始初民对动植物的物质需要和依赖更为强烈。于是人们在众多的自然物中，选出他们认为和本氏族成员关系最为密切、影响最大的动物或植物，将它们放在特殊的位置，并采用专门的仪式表达崇拜，期望能得到庇护和好处，后来又把它们视为与本氏族有着血缘关系的亲族，即本氏族全体成员的共同祖先，将它们的形象或名称奉为自己部落的神圣标志，围绕它们进行各种崇拜活动，这就是图腾崇拜。图腾是氏族之间彼此区别的标志，反映了原始初民对自身起源的最初探索。随着生产力的发展和思维水平的不断提高，图腾物从最初的天体、动物、植物到逐渐人化，或以人首物身出现，或者直接体现为人的形象，如西王母形象。人的自我意识的觉醒，为中华人文精神的出现准备了条件。不仅如此，龙图腾的出现，也体现了中华民族海纳百川、兼容并包的民族精神。相传华夏部落的图腾原来是蛇，在氏族征战中，华夏族逐渐吸收融合战败氏族的图腾，最终形成了龙的图腾。传说中的龙，有着蛇的身、猪的头、鹿的角、牛的耳、羊的须、兔的耳、鹰的爪、鱼的鳞，体现了中华民族有容乃大的广阔胸襟。

最后看原始初民对人类和万物起源的认识。关于人类和万物的起源，中国古代主要有两种神话传说。一种是《三五历纪》《五运历年纪》所记载的盘古开天辟地，缔造万物。据说宇宙最初是黑暗混沌的一片，像个大鸡蛋，没有天地之分，也没有日夜的交替，盘古在大鸡蛋中睡着了，一睡就是一万八千年。他睡醒后发现眼前漆黑一片，甚是烦闷，于是随手抓起一把大斧头，在身前用力一挥，将大鸡蛋劈开，其中那些轻而清的东西徐徐上升，变成了天；而那些重而浊的东西，缓慢下降，变成了地。盘古开天辟地后担心它们再次合拢，于是就头顶天、脚踏地，随天升高，随地增厚。不知过了多少年，天地终于固定了，盘古也因劳累而死去。他口里呼出的气变成风和云，声音变成雷霆，双眼变成日月，手足和身躯变成大地的四极和五方名山，血液化为江河，筋脉变成道路，肌肉变成田土，头发和胡须变成星辰，皮肤和汗毛变成花草树木，牙齿和骨骼变成金石，汗水变成雨露，身上的虫子变成了人。另外一种流传很广的神话传说则是女娲造人。关于女娲如何造人的版本很多，流传最广的是女娲抟土造人。最早明确记载女娲造人的是《风俗通义》。根据民间传说，在开天辟地的时候，大地上虽然草木繁茂，虫鱼鸟兽活跃其间，但没有人类居住，于是女娲就依照水中自己的影子，用黄土沾水捏了一个小泥人，她把小泥人放在地上，小泥人就活了。女娲很高兴，于是继续用黄土做人，希望这些小人能布满大地。但由于她每天事情比较多，时间不够用，于是她就取了一根藤蔓放在泥中，向地面挥洒，泥点溅落之处，都变成了活起来的小人。原始初民对自己和万物起源的探索，既体现了人类对恶劣生存环境的抗争，也凸显了人类对自身独特地位的思考。

第二节　文明初生：尊帝崇祖

殷商时代，人们的信仰开始从自然崇拜过渡到上帝和祖先崇拜。商代可以说是中华祭祖文化形成的重要时期，在这一时期，人们的宗教观念发生了重要变化。随着殷商甲骨文的发掘，文明初生时期尊帝崇祖的信仰在甲骨文文字构造传递的思想信息中，在发掘的大量甲骨卜辞中，以及在作为天人沟通媒介的巫文化中得以集中体现。

文字的出现是人类社会进入文明时代的重要标志。古文字是我国重要的源头文化之一，中华文明延续5000多年的历史未曾中断，古文字功不可没。关于汉字的起源，有仓颉造字说、结绳说、起一成文说、源自八卦说、原始社会晚期的陶器符号说，以及唐兰的“文字起源于图画说”等，虽众说纷纭，但不可否认的是汉字是广大群众集体智慧的结晶，是在群众的具体劳动实践中被创造出来的，并逐渐被普遍接受，用作传递信息的符号。汉字出现，对于人类来说意义重大，甚至出现“天雨粟，鬼夜哭”（《淮南子·本经训》）的奇特现象。甲骨文是中国已知最早的、体系较为完整的文字形式，因刻在龟甲或兽骨上用于占卜记事而得名。2017年11月24日，甲骨文成功入选《世界记忆名录》。甲骨文以象形字为主，和绘画类似，多选取实物的某个特征，突出其形象。十二生肖的甲骨文基本上保留了十二种动物的突出特征，如“鼠”字突出偷吃的嘴巴和长长的尾巴，“牛”则突出好斗的角。“女”字则突出了女性独有的娴静的性格和两臂交叉在胸前、屈膝跪坐的女人姿态，“妇”字则是一位手拿笤帚打扫卫生的女子。在商代，“天”是帝和祖先神居住的地方，甲骨文通常写作正面站着的“人”形，通过方框突出了人的头部，指人的头顶上方的无边苍穹。甲骨文这一形象的特点，便于后代依据字形了解商代的社会习俗。

不仅如此，殷人尚鬼，凡事必卜，从而留下了大量甲骨卜辞。在商代，人们处理各种大小事件都要征询帝或祖先神的意见，然后决定自己下一步的行动，这就为后代留下了大量的甲骨卜辞，用以研究、了解商代的文化。《殷墟甲骨文实用字典》将“帝”归为两种含义：一是用作上帝，二是用作祭名。后来，随着专门用作祭名的“禘”字出现，甲骨卜辞中的“帝”通常指上帝。根据卜辞的记载，“帝”是居于上天，主管自然变化的最高神祇，可以令风、令雨。商代是一个以农业生产为主的社会，殷人崇拜上帝，主要是祈求风调雨顺，确保好的农业收成。除此之外，甲骨卜辞中还有在城邑建筑、方国征伐、人间祸福等方面祈求帝佑助的记载。董作宾先生将殷人的上帝的权能概括为五种：令下雨；降以饥馑；授以福佑；

降以吉祥；降以灾祸。[①] 从殷墟发掘出的大量甲骨残片可以看出，虽然帝是当时殷人心目中最高的神祇，但是殷人更重视对祖先神的崇拜。甲骨文的“鬼”是死去的人的象形，通常被认为是死后脸上盖着东西的人，在商代，“鬼”通常指死去的祖先。在殷人的思维中，祖先成为“鬼”后，虽然肉身不存在了，但灵魂仍然存在。他们与帝生活在天上共同的世界里，可以与帝沟通，能护佑商族和商王。因而在商代，祭祀祖先是最频繁，也是最隆重的。他们试图借助频繁的祭祀，在抵御外族入侵、对外征伐、稳定商王的统治、确保来年好收成、避祸就福等方面获得祖先的护佑，或者是通过祖先神与帝沟通，获得福佑。殷人通常会在被祭祖先的生日或祭日的时候祭祖，祭祖对象大体分为四类：高祖、先公和先王、先妣，以及异族功臣。其中，先公上甲受到的祭祀最为频繁和隆重。在商人心目中，他既能影响年成好坏，又可以左右祸福。这种基于血缘亲情关系的祖先崇拜，逐渐演变为中华民族几千年来延续不变的信仰。当今民俗中清明节上祖坟，过年时祭灶神、祭祖先等皆是中华祭祖文化的延续和发展。

殷商时代，祖先和帝是合一的。在殷人的信仰中，帝虽然是一个居于上天主管自然变化的最高神祇，但也可以决定人间

① 董作宾：《董作宾先生全集》乙编第3册，艺文印书馆，1977，第339页。

的事务。殷人的征伐战争、城邑的废用、商王的健康与否、商族的兴亡等皆受帝的左右，这与商王的先公、先王和先妣具有相类似的权能。不仅如此，商王逝去的祖先也通常被认为是和帝居住在一起，可以与帝沟通、传达帝的旨意。因而在殷人的信仰里，他们把祖先和帝合二为一了。

殷人希望可以得到祖先和帝的护佑，他们又是如何与祖先和帝沟通的？如何得到祖先和帝的指令呢？这种沟通主要是通过"巫"（女）和"觋"（男）的祭祀活动得以实现。甲骨文的"祭"字是会意字，以手持月（月即肉）供奉神祖会祭祀之意。可见，祭祀帝和祖先首先要有人或者牲畜的肉作为祭品，其次还要有种种祭祀的形式，这就使得祭祀文化成为殷商时代的主流思想。与之密切相关的巫觋文化也因此走向繁盛。

巫文化早在旧石器时代晚期随着"万物有灵"观念和图腾崇拜的出现就已经产生。甲骨文中的"巫"字多写作两个交叉的"工"字。"工"是象形字，像古代女巫用来沟通神鬼以求雨的神器。种植农作物对水和雨的依赖程度很高，但是人们又无法掌控它们，因而巫最初的活动是跳舞求雨。据郭沫若先生考证，"巫"和"舞"是一回事。甲骨文中的"舞"字，是一个手持花束边唱边舞的人，"巫"则是"以舞降神"的人。可见古代巫师们祭祀时跳的舞蹈是用来"降神"的主要手段，这种舞蹈被统称为巫舞。巫舞和我们今天为了文艺娱乐的目的所跳的舞不同。巫师们在祭祀活动中跳的舞蹈，是沟通人、神的手段，通常会伴有卜筮、巫词和咒语，具有庄严、神秘的一面，甚至会产生通神后的幻觉。不仅如此，巫舞还有明确的现实意义和目标指向，通常是为了求雨以保丰收、为了攻伐战争的胜利、为了禳灾治病。“巫舞”虽是通神的手段，却融汇了医卜星象、天文历法、人文数理，孕育了中国最早的医药科技和文化艺术。

巫最初是那些天赋异禀，可以沟通鬼神，“绝地天通”的氏族成员。在原始社会向阶级社会过渡时期，巫的身份开始发生变化，巫师开始与氏族首领的身份合二为一，如中国历史上的五帝。进入阶级社会以后，世俗社会开始出现最高权威，人们的宗教信仰中也出现了至高神，如商代的“帝”。此时，政权和神权进一步紧密结合在一起。作为世俗王权象征的玉被巫用作通天的神器，这从一个侧面表明王权和神权的结合。不仅如此，大量甲骨卜辞表明，商王是王亦是巫，他既是世俗政权的最高统治者，又是当时各种宗教祭祀活动的主持者，是群巫之长。我国古代的典籍里记载了不少商汤祈雨的传说。相传，商灭夏后遇到大旱，数年不降一滴雨，庄稼都长不出来，百姓生活异常艰难，于是商汤亲自祈雨。他剪断自己的头发和指甲，祈祷说如果天再不下雨，他就焚烧自己，把自己献给神明来求雨。这时，天降大雨，缓解了旱情。据史料记载，商代历代君主，凡是遇到大旱，通常会亲自跳“雩舞”媚神祈雨。巫的活动由最初的求雨发展为种类多样、目的各异的祭祀活动，并逐步形成了繁杂的巫术礼仪。在商代，巫文化进一步发展为祭祀文化，巫的祭祀对象、祭祀方式和仪式都是固定的，逐渐形成了固定的程序和法则。这为周公“制礼作乐”奠定了基础。

商代的“乐”最初包含在巫舞中。“礼”经历了原始的“巫术礼仪”阶段，经过夏、商的进一步发展，最终由周公实现了理性化和系统化，发展为完整、系统、成熟的行为规范。

第三节　从神到人：尊礼贵德

殷商“尊帝崇祖”的信仰，经由“元圣”周公“制礼作乐”，在周代逐步发展为奠定中华文明基础的礼乐文化，并初步形成了以德性为核心的宗教伦理观念。

一、周公“制礼作乐”

礼乐制度不是凭空产生的，而是在前代经验的基础上，通过融合夏、商时期礼乐的精髓，并根据周代的社会现实进行了种种调整而形成的。正如孔子所说：“殷因于夏礼，所损益，可知也；周因于殷礼，所损益，可知也。”（《论语·为政》）“礼”在甲骨文中写作“豊”，指盛玉的“豆”，是古代祭祀神灵、祖先用的礼器，后来才在“豊”的左边加上与事神相关的“示”字。可见，礼最初与祭祀活动密切相关，是巫在祭祀活动时遵循的仪式法度。甲骨文的“乐”字，下面是木，上面像丝弦，是原始的乐器。最初“乐”是“巫舞”的组成部分，巫师在主持祭祀活动时需要借助一定的乐器或者吟唱的声调来烘托神秘、恐怖、庄严的气氛。周公是中国礼乐文化的集大成者，他将殷商时期的祭祀文化进一步发展，将原本用于沟通神、人的礼乐扩展到人们生活的方方面面，形成了一套以“德”为核心更加体系化、规范化的周代礼乐文明。

周公

周公，姓姬名旦，是文王的儿子，武王的弟弟。武王去世后，幼子成王当国，当时国家政权初建，政局不稳，为了安定人心，周公宣布摄政。据《尚书大传》记载，周公摄政后“一年救乱，二年克殷，三年践奄，四年建侯卫，五年营成周，六年制礼作乐，七年致政成王”。在这一系列稳定周王室统治的举措中，以“制礼作乐”对后世影响最为深远。周公制礼的内容十分广泛，囊括了国家的政治、经济、军事、文化及个人伦理道德修养的各个方面。郭伟川先生将周公制礼的内容概括为七个方面：“一是建立姬周王朝的国家体制及行政制度；二是建立分封和册命制度；三是建立朝觐制度和职贡制度；四是建立享礼制度；五是建立祭礼的用牲制度；六是确立‘嫡长子’王位继承制度及相关仪礼；七是建立姬周王朝‘宗礼’与‘刑法’并重的宗法制度。”周公对殷商及远古时期的礼乐进行大规模整理和改造，形成了一整套以“德”为核心，涉及国家和个人生活方方面面的典章制度和礼节仪式。周公通过制礼，使得亲贵合一，家国一体，最终建立了血缘和等级之间的同一秩序。

周公不仅制礼，自己还是礼仪的践行者，同时不忘教导子孙臣民遵守礼仪。周公辅政后，采取了一系列措施稳定政局，在安定天下后，将政权归还成王，自己以臣子之礼北面侍之，坚定地执行了嫡长子继承制。东汉末年的曹操在《短歌行》中的一句“周公吐哺，天下归心”，使得周公求贤若渴、礼遇士人的形象广为流传。周公不仅自己守礼，还时常以礼的要求教导子孙。《周公诫子》详细记录了周公要求儿子注重德性培养，以谦虚之德治理封地的谆谆教导。据《韩诗外传》卷三记载，周成王将周公的儿子伯禽分封到鲁国。在去往鲁国封地时，周公告诫儿子说：“去了以后，不要因为自己有了封国领土就怠慢人才。我是文王的儿子，武王的弟弟，成王的叔叔，又身负辅助天子治理天下的重任，在天下人中，我的地位也不算低的。但是，只要听说有贤人到访，我洗一次头就要多次停下来，手握散乱的头发去接待他们；吃一顿饭，也要多次吐出食物，去接待贤人。即使这样，我还担心因为自己的怠慢而失去贤人。我听说，道德高尚，并且恭敬待人的人，就会获得荣耀；土地辽阔，并且以节俭之道治理的人，就会获得安定；官职显赫的人，如果待人谦卑有礼，必定会保有高贵的地位；人口众多，兵马强壮，仍能常怀敬畏之心（防备外患）的人，必能胜利；大智若愚，不露锋芒、保持敦厚虚心的态度的人睿智；见闻广博，记忆力强，但仍感觉自己见识浅陋的人有智慧。这六点都是谦虚的美德。那些贵为天子的君主，之所以拥有天下，就是因为具备了这六种德行。”伯禽谨遵周公的教导，践行礼乐之道。据史书记载，伯禽到鲁国担任国君后三年没有音信。直到三年后才回国都，汇报鲁国的治理情况。周公问道：“为何归来报政如此迟缓？”伯禽说：“我要按照您制定的礼乐规定来治理国家，所以到了鲁国后，我变更了当地的风俗习惯，改革了当地的礼仪制度，亲自督促百姓在父母死后服丧三年，所以才这么晚回来向您报告政事管理情况。”在伯禽的努力下，鲁国严格执行周礼，成为闻名的“礼乐之邦”，即使在诸侯纷纷僭越，不再尊敬周天子的春秋时期，鲁国仍然忠实地保存和践行着周礼。鲁昭公二年（前540年）韩宣子访鲁，看到鲁国保存完备的周礼典籍，曾感叹道“周礼尽在鲁矣”。

乐是配合礼仪活动而制作的舞乐。最初的乐蕴含在巫舞当中，是媚神的手段，配合烘托原始宗教神秘、恐怖的气氛。后来，乐中开始出现歌颂历代君王建功立业、造福百姓的事迹，如歌颂黄帝的《云门》、赞扬尧的《咸池》、赞美舜的《大韶》、称颂禹的《大夏》、讴歌汤的《大濩》、传颂武王的《大武》。周公在整理和创作乐舞方面也做出了重大贡献。他整理了上述歌颂圣王的乐舞，将之分别用于祭祀天地、日月、山川及周代祖先等不同的祭祀场合，并对舞队的人数进行了严格的规定。前四种乐舞歌颂的圣王以文德得天下，表演者手持乐器，被称为文舞；后两种乐舞赞颂的圣王以武力得天下，表演者通常手持盾和斧，故称武舞。六舞被尊为先王之舞，被后世奉为乐舞的最高典范。周朝建立之初，周公与召公在洛水之旁营建了新的都城——洛邑。洛邑建成之后，周公主持了祭祀文王的典礼，在祭祀仪式上同样演奏了乐歌，以烘托庄严肃穆的气氛。据学者研究，典礼上的音乐是《周颂》中歌颂文王功德的《清庙》《维清》《我将》等。这些音乐也和周公有着密切的关系。周代时，乐的娱乐的性质也逐渐凸显。史书上很早就有“以乐侑食”“以舞侑食”的记载。周朝时期，不同等级的人、不同级别的宴会使用的音乐、跳的舞蹈也不同。如周礼规定，周天子宴饮用八佾[①]舞，诸侯用六佾，卿大夫用四佾，士用二佾。春秋时期，礼崩乐坏，周礼遭到极大破坏，孔子曾经批评季孙氏“八佾舞于庭，是可忍，孰不可忍”。

周朝不仅乐的内涵和功能更加广泛和世俗化，还成立了庞大的乐舞机构，不遗余力地培养乐舞人才。在周朝，人们学习的主要内容是“乐”，有专门掌管礼乐的官员，并有完备的音乐机构，教导王室和贵族的子弟，以及从民间选拔出来的优秀音乐人才。教育的内容则包含乐德、乐语、乐舞三个层次。乐德是音乐中所包含的道德，也就是《周礼》中所谓的“知、仁、圣、义、中、和”六德。可见周代不仅重视对音舞技艺的培养，还关注乐舞中的道德内涵。

周公“制礼作乐”虽然延续了巫文化的宗教信仰成分，但也逐步凸显出人的自主性，使得中国古代的礼乐文化逐渐向世俗化靠拢，由事鬼神向治人转化，为中国向更加文明的“礼制社会”转化奠定了基础。

二、周人贵德配天

通过“制礼作乐”，周公不仅整合了前代的礼乐文化，还

① 指古代乐舞的行列，每行八人为一佾。

对其进行了创造性的改造，最终形成了以“敬德保民”“贵德配天”为核心的新的周代礼乐文明，开启了中国古代文化由神本向人本的转变。

周代统治者敬德、贵德，一方面是基于先周贵德的传统。早在商朝末期，姬昌为西伯侯时，在治理西岐时就奉行“以德配天、敬德保民、明德慎罚”的德治理念，这在不少典籍中都有体现。以“泽及枯骨”的典故为例，据《群书治要·新序》记载，周文王修筑灵台，在修建池沼挖地的时候，挖出了死人的骸骨，负责官员就上报给了文王。文王说：“再找个别的地方安葬骸骨。”官员回禀道：“这是无主的尸骨。”文王说：“拥有天下的人，是天下人的主人；拥有国家的人，是这个国家的主人。寡人本来就是他的主人，还要去哪里找他的主人？”于是命令官员在别处安葬了骸骨。百姓听说了这件事情，都说：“文王真是贤德啊！恩泽都能惠及枯骨，更别说对待活着的人了。”在文王视民如伤、泽及枯骨的治理下，西岐出现了路不拾遗、夜不闭户的祥和景象。文王的德行传遍四方，诸侯之间有了冲突通常会请他裁决。据《史记·周本纪》记载，西方的虞、芮两诸侯国的国君因为争夺一片土地，长期冲突，最后二人商议说：“西伯侯是有德之人，我们让他来裁决我们的纠纷吧。”于是他们相约一起到文王的封地。初到周境，他们就看到周人在耕种时，互相谦让地边，走路时，也互相让道；等到进入周朝的都邑，又看到周人男女不同路，年轻的人让年长的人；等他们进入周朝的朝堂，更发现为官者相互让贤。两国国君虽还没有见到文王本人，但已经被西伯侯姬昌治理下的西岐人谦让有礼、贵德友爱的品德所感染，非常羞愧地说："我们真是小人，怎好意思站在君子之堂，让人家给评理呢？"于是主动把争抢的地方让与对方。此后，文王的贤德传扬天下。可见，先周的"德"治是周公制礼作乐的主线。

殷商"无道""弃德"最终导致灭亡的教训，是周公将"德"作为周代礼乐文明核心的直接动因。周公总结夏、殷灭亡的原因时，指出重要的一点"惟不敬厥德，乃早坠厥命"（《尚书·召诰》）。周公总结夏、商因无德而亡的教训，主动吸取夏、商文化的精髓，借助奔周的殷商故臣大师、少师、微子启等带来的官制、礼制文化，立足西周初期的社会现实，制定了以敬德为核心的周代礼乐文明，奠定了中国传统礼乐文明尊德、贵德的传统。《周书》《诗经》等相关典籍中，多次提到德。周人甚至认为德是人与天命沟通的必要条件。商人推崇的上帝在周代的时候被称作天，但此时的天和商人的帝又有明显不同。周人的天除了是人格化的至上神，又增加了命运与道德的内容，因而宗教色彩较之帝有了明显的淡化，突出了人的作用。与殷人的祖神合一不同，周人的祖先和神是分开的。周人的天是至上神，对人世君主的国家治理非常关注，以德为标准，通过赏与罚干预世俗君主的统治。在周人的意识里，是否获得天命保有国家和德密切相关。周人的祖先凭借自身的德配天受命，取殷而代之。但是天命靡常，周代历代君王只有“疾敬德”“永保民”，才能“受天永命”。周人所敬之德，分为君德、臣德、民德，其中最重要的是君德。周公认为，君主的德行主要表现在爱民、保民、明德慎刑上，因为“民之所欲，天必从之”(《尚书·泰誓》)、“天视自我民视，天听自我民听”(《尚书·泰誓》)。将天命与人德相连，使周人的重心由事天向治人转化。

三、卜筮中的理性光芒

周代除了礼乐文明，以卜筮为核心的术数文化也得到了进一步发展，催生了中华文明所独有的象、数思维，推动了古人理性思维的觉醒。卜是通过灼烧龟腹甲或牛肩胛骨得到兆来断定祸福；筮则是借助蓍草进行演算得到数，由数成卦来定祸福。大量殷商甲骨文的出现，表明龟卜在商代占有重要地位。西周时，筮的重要性日益凸显，据《周礼》记载，周代流行着《连山》《归藏》《周易》三种筮法。《周易》，作于殷周之际，相传为周文王姬昌为卜筮所作的书，是世界上唯一一部兼具卦爻符号和语言文字的古老典籍。《周易》以阴阳二元论为基础，分为阴爻、阳爻，分别写作“--”和“—”。每三爻排列组成一卦，构成八卦，两卦又排列组合，得六十四别卦。除了上述符号系统，《周易》中还有卦辞、爻辞分别对六十四卦、三百八十四爻的内涵进行解释。卦辞、爻辞以实践经验为基础，体现了世界的运行规律，从而使《周易》成为卜筮之书，具备了预测吉凶、预知未来的作用。与纯凭天意的龟卜不同，筮的核心是通过数字和卦爻象去预测行为或事物未来发展的吉凶祸福，从而达到趋吉避凶的目的。以数字推演为核心的筮虽有天意，但更是建立在古人的长期实践经验基础上的，是对自然和社会发展规律的探索和总结，成为古人认识未知世界、解决内心疑惑的重要方式。

《周易》成书之初虽是为卜筮而作，但其中也蕴含着深奥的哲理，开启了中国人的理性思维，并对以儒、道为代表的诸子百家和外来佛教皆有启示和深远影响。正如《四库全书总目》所说，“易道广大，无所不包，旁及天文、地理、乐律、兵法、韵学、算术，以逮方外之炉火，皆可援易以为说”。孔子对《周易》的态度，直接影响了后世儒家对《周易》的认知。孔子曾说“《易》，我后其祝卜矣，我观其德义耳也”。显然，他虽承认《周易》的卜筮性，但更强调其思想中所蕴含的义理。在其影响下，后世儒家不断从《周易》中吸取义理丰富自身学说。早在西汉时期，《周易》就被儒家奉为“群经之首，大道之源”。后来虽然儒家经典的数量由五经不断扩充并最终发展为十三经，但《周易》群经之首的地位丝毫没有动摇。魏晋时期，士大夫认为《周易》与《老子》《庄子》最为重要，将之合称为“三玄”，其中《周易》又被认为是重中之重，被尊为“三玄之冠”。这一说法后被道教所承续，《周易》被奉为道教第一经典。《周易》对道教的神仙信仰、丹道理论、符箓、建筑等都有深刻影响。佛教传入中国之后，高僧不仅自己研习《周易》，在传播佛教思想和佛教中国化的过程中，也受《周易》思想的影响。总之，《周易》本身所具备的兼收并蓄、综合超越的特质，以及思想中所包含的理性思维、宇宙观、人生观、道德价值观和朴素的辩证法，始终是中国传统文化的核心和精髓，塑造了中华民族特定的思维方式、理想的人格追求和尊道贵德的价值观念。

第二章

中国传统思想的形成与融合发展

西周时期，中国传统思想发生了一重大转变，周人敬天而重人，关注重点由神转向人，传统思想中的人文思想初现。正如陈来教授所指出的，中国古代的人文思想“从西周开始萌芽”[①]，这一时期人的地位逐渐凸显，礼乐文化逐步取代了商代的祭祀文化。根据《礼记·祭义》的规定，“建国之神位，右社稷而左宗庙”。社稷是祭祀土地神的地方，宗庙则是祭祀祖先的地方，周代尚左，以左为尊，显而易见，对祖宗的祭祀更重要。周代礼制的核心，是确立了血缘与等级之间的同一秩序，从而将家与国的等级秩序统一起来。

经过对周公“制礼作乐”和周人“贵德配天”等思想的

① 陈来：《古代思想文化的世界》，生活·读书·新知三联书店，2009，第12页。

传承，春秋战国时期迎来思想和文化上最为繁盛的时代，出现了诸子百家相互争鸣的盛况。先秦诸子百家虽然思想内容各异，但都折射出耀眼的理性主义的光芒。诸子百家对人类生存与发展问题的认识，以及在思想文化层面为解决这些问题做出的努力，表明中国思想开始从原始神话——巫术思维中解脱出来。论战各家同源异流，经过辩论和诘难相互融合吸收，形成了思想上的大融合趋势，初步构成了汉民族独特的思维方式和文化心理结构。这种思想上的大融合伴随着政治上的大一统，在秦汉时期继续向纵深发展。儒、道两家立足社会现实需求，在保留其核心思想的同时，广泛吸收融合其他诸家的优秀思想，从百家中脱颖而出，成为中国传统思想文化的主流。

儒、道并立的局面，随着两汉时佛教的传入开始发生变化。佛教初入中国，先是依附于道家和儒家，通过不断地援道、援儒入佛，来论证三家的一致性，借此扩大传播范围。魏晋南北朝时期，佛教逐步取得统治者的支持，得以迅速发展，势力不断壮大。此时，道教也由民间宗教逐步演变为官方承认的正统宗教。佛、道之间在教义、争取统治者支持和争夺信众等方面矛盾不断激化，斗争与冲突不断。儒、佛之间的冲突以论战为主，多围绕佛教思想是否违背儒家礼俗展开。儒家在论战中常处于攻势，佛教则以调和妥协为主。三家虽有矛盾冲突，更有渗透融合。在隋唐时期形成了儒、道、佛三家鼎足而立、互融互补的思想文化格局。三家各成体系，在立足本家核心思想体系的前提下，皆吸收融合另外两家思想，充实自己。至宋代，三家合流、同归于善的趋势已经大致成型，并成为明代以后社会的主流思想。三家通过发展演变、碰撞融合，最终形成了以儒家为主，以道家、佛家为辅的思想文化格局。

第一节　中国传统思想的初步形成

公元前771年，周幽王被申侯率领的军队杀死于骊山，西周王朝灭亡。第二年，太子宜臼（周平王）定都洛邑，史称东周。东周前半期，亦可称为春秋时期，诸侯争霸，战争不断，齐桓公、晋文公、宋襄公、秦穆公、楚庄王相继称霸，东周王朝对此没有任何的约束和讨伐力量，只能听之任之，维持其表面上的“天下共主”的形象。公元前453年，随着韩、赵、魏三家分晋，此后各诸侯国相互攻伐，历史进入战国时期。春秋末年到战国时代，中国思想史进入了德国思想家卡尔·雅斯贝尔斯所谓的轴心时代。在《智慧之路》一书中，他指出，“发生于公元前800至200年间的这种精神的历程似乎构成了这样一个轴心……我们就把这个时期称作‘轴心时代’吧。非凡的事件都集中发生在这个时期。中国出现了孔夫子与老子，中国哲学中的全部流派都产生于此，接着是墨子、庄子以及诸子百家”①。这是中国古代思想史上最为辉煌的时期，学术风气异常活跃，人才辈出。

诸子百家只是一个概说，主要包括哪些家，其主张主要是什么？我们可以从学者的著作中窥见一斑。司马谈首先尝试对诸子百家进行分类概括，他著文《论六家之要旨》，将公元前5世纪到公元前3世纪出现的各家划分为六个主要学派。这篇文章后被其子，也就是《史记》的作者司马迁收录到《史记》的最后一篇中去。该文章把诸子百家划分为阴阳家、儒家、墨家、名家、法家、道德家六个主要的学派。班固的《汉书·艺文志》承袭刘歆的《七略·诸子略》，将百家进一步划分为儒、道、阴阳、法、名、墨、纵横、杂、农以及小说十家。他们的分类，新增加了纵横家、杂家、农家和小说家。班固还引用刘歆的观点，指出每一家的学说都是由相应的官吏传承而来。“儒家者流，盖出于司徒之官……道家者流，盖出于史官……阴阳家者流，盖出于羲和之官……法家者流，盖出于理官……名家者流，盖出于礼官……墨家者流，盖出于清庙之守……从（纵）横家者流，盖出于行人之官……杂家者流，盖出于议官……农家者流，盖出于农稷之官……小说家者流，

① 卡尔·雅斯贝尔斯：《智慧之路》，柯锦华、范进译，中国国际广播出版社，1988，第69~70页。

盖出于稗官。"(《汉书·艺文志》)刘歆对"十家"历史起源的探究因论据不充分而受到后世学者的质疑，此后不断有学者探究百家起源，如《淮南子·要略》提出的"应世之急"说等。虽然学界对诸子起源存在争论，但都承认孔子所说"天子失官，学在四夷"是诸子百家产生的一个关键的社会原因。西周社会创立的稳固的等级制度和牢固的思想文化控制权随着周王朝势力的衰退和诸侯国实力的增强不断受到挑战，据史料记载，东周时期，执掌仪式、掌管史记的"王官"已经向诸侯国转移，同时有些具备某种知识和技能的贵族成员也因战争等原因丧失爵位变成庶人而流落民间。随着文化权力的下移，周代"官师合一""学在官府"的教育制度被打破，这不仅表明周王朝逐渐丧失了思想文化的最高控制权，还使得思想文化在全国和民间传播成为可能。这些没落的贵族和下移的"王官"凭借其掌握的某种知识和技艺，兴办私学，传播知识。随着私学的大量兴起，士的人数不断扩充，士阶层不断崛起并成为春秋战国时期思想文化的创造主体。可见，私学的兴起和士阶层的崛起为百家产生储备了充足的人才资源。正如钱穆先生所言，"王官是贵族学，百家是民间学"①。这一时期产生了以儒、道、墨、名、法、阴阳家、兵家等为代表的众多民间思想学派。在

① 钱穆：《国史大纲》，商务印书馆，2004，第96页。

诸多学派中，对后世影响最深、流传最广的是儒家和道家。

一、儒家

儒家诞生于“百家争鸣”的春秋末期，是先秦诸子中对后世影响最为广泛和深远的一个学派，其创始人是孔子。孔子名丘，字仲尼，春秋末年鲁国陬邑（今山东曲阜）人。孔子是中国古代伟大的思想家和教育家，他创立的儒家学派不仅对中国的思想文化和中国人的人格特征产生了重要影响，还为世界文明做出了重要贡献。孔子通过兴办私学、广收门徒、周游列国等方式传播儒家思想。孔子首创“有教无类”，极大地扩大了受教育者的范围。同时他又是中国传统文化的重要传承者，他不仅继承了周代礼乐文化，还通过删定六经并以六经内容教授弟子等方式，使得中国最古老的智慧得以传承。

孔子的思想集中体现在《论语》中。《论语》虽然仅有一万余字，但其内容博大精深，包罗万象，涉及社会生活的各个方面，处处彰显着智慧的光芒，不仅是君主和大臣治国、平天下的法宝，也是士人和百姓修身、齐家的金玉良言。可见，儒家学派自创立之日起就彰显着积极入世的精神。孔子去世后，弟子们纷纷效仿孔子，广收门徒，聚众讲学，使得孔子的思想进一步传播，但他们理解的孔子的思想和传授的六经内容侧重点不尽相同，促使儒家内部开始出现分化。“自孔子之死也，有子张之儒，有子思之儒，有颜氏之儒，有孟氏之儒，有漆雕氏之儒，有仲良氏之儒，有孙氏之儒，有乐正氏之儒。”（《韩非子·显学》）“儒分为八”既是儒学内部分化的体现，更表明儒家思想正从一家之言开始崛起为战国时期与墨学并称的“显学”。先秦时期，除了开创儒家学说被尊为至圣的孔子，为儒学发展做出重要贡献的还有安贫乐道的复圣颜回、以孝为本的宗圣曾子、倡导性善仁政的亚圣孟子，以及先秦儒家的最后一位集大成者荀子。

孔子

好礼重仁是孔子思想的核心内容。孔子生活的时代“礼坏乐崩”的社会现实是孔子创立儒家学说的直接动因。随着周王朝的衰落，西周初期建立的礼乐文明日渐衰微，春秋晚期社会上更是屡次出现父子、兄弟之间相互残杀的悲剧，用孟子的话说就是，“世衰道微，邪说暴行有作，臣弑其君者有之，子弑其父者有之”(《孟子·滕文公下》)。同时，面对诸侯争霸、战乱不断、社会动荡不安的情况，各学派纷纷给出了自己的救世主张，但他们对周代的礼乐文明多持批判态度。孔子生活的鲁国是周礼保存最完备的诸侯国，孔子自幼受周礼熏陶，坚信只有恢复西周“郁郁乎文哉”的礼乐制度，使得君、臣、民崇礼、尊礼、行礼，在礼的范围内各守本分，做到“君君，臣臣，父父，子子”(《论语·颜渊》)，才能重新恢复社会的安定和平，建立井然有序的社会制度。孔子好礼，幼年时和小朋友做游戏，会学大人的样子，摆上瓶罐作为礼器，演习礼仪。孔子在青年时代就因好礼、懂礼而闻名，并吸引了不少人前去学礼。据《史记·孔子世家》记载，鲁国大夫孟釐子在病重弥留之际，曾告诫儿子孟懿子在他去世后，一定要拜孔子为师，学习礼仪。当时的孔子年仅十七岁。孔子认为，对于个人来说，礼非常重要，是个人在社会上立足的处事法则和基本规矩，“不学礼，无以立”(《论语·季氏》)。因而他一生都好礼、循礼，用礼约束着自己的日常行为。对于诸侯破坏礼乐的行为，孔子也表现出极大的愤慨和不满，他曾批判季氏越礼的行为，“八佾舞于庭，是可忍也，孰不可忍也！”(《论语·八佾》)因为根据《周礼》，不同等级的人使用的舞乐的人数是不同的，只有周天子才可以使用八佾，季氏作为正卿只能使用四佾。孔子并未将礼局限在个人的道德修养层面，他一生孜孜以求的是将礼上升到国家治理的层面。为此，孔子周游列国，向诸侯国君宣扬“以德治理国家，用礼乐教化百姓”的治国良方。他认为当时较为流行的“道之以政，齐之以刑”的治国方略，即依靠行政命令、借助刑法来治理百姓只能治标，难以治本，只会让百姓因害怕受到惩罚而不去作恶。只有“道之以德，齐之以礼”，用道德教化百姓，用礼乐统一百姓的言行，才会让百姓有羞耻心，从而真心服从君主的统治（《论语·为政》）。

仁是孔子伦理思想的核心和道德体系的最高原则，被称为儒学的基石。孔子和弟子关于仁的讨论主要围绕何为仁和如何成仁展开。虽然孔子从未给“仁”下过明确的定义，但从他和弟子的诸多谈话中，可以看出孔子认为爱人是“仁”的核心。爱人是爱自己以外的其他人，包括父母、兄弟等血亲及其他没有血缘关系的人。但和墨家的爱无差等不同，孔子的爱人之仁是等差之爱，始于以血缘亲情为基础的孝悌，通过推己及人、由近及远的成仁方法——“己欲立而立人，己欲达而达人”（《论语·雍也》），将家庭伦理放大为社会伦理，扩充为对全社会的仁爱之心。可见，以血缘亲情为基础的孝悌之爱是仁的基础和根本，用孔子的话说就是“孝弟也者，其为仁之本与”（《论语·学而》）。这种亲亲之爱经过推己及人，成为超越社会等级和宗法血缘的普泛之爱。

孟子和荀子作为儒家思想的重要代表人物，对孔子思想既有继承，又有创新性发展。在人性论上，孔子倡导“性相近也，习相远也”(《论语·阳货》)。孟子和荀子虽然都继承了孔子对后天“习”的重要性的认识，但对相近的“性”的理解存在重大分歧。孟子首倡性善论，认为人生而具有“四心”，即恻隐之心、羞恶之心、恭敬之心、是非之心。“四心”是仁义礼智的四端，因而“乃若其情，则可以为善矣”(《孟子·告子上》)。但是四端容易为外界事物所蒙蔽，需要后天的存养和扩充，孟子将之发展为仁义礼智四德，从而形成了一套完善的道德修养论。荀子在人性问题上，高扬性恶的旗帜，提出“人之性，恶；其善者，伪也”(《荀子·性恶》)。荀子从情欲与本能等动物性的层面来说人性，他用浅显的例子指出性和伪的区别。人饿了就想吃东西，冷了就想求暖和，累了就想休息，这都是自然而然的欲望需求，是人性；在长辈面前，为了表示谦让，饿了也不肯先吃；看见长辈在，虽然累了也不敢休息，这些都是经过后天教化、学习得到的善，是“伪”。如果任由人性的恶发展，就会对社会产生极大危害，因而需要用礼来矫正、教化人类的性情。在治国思想上，孟子进一步发挥了孔子思想对“仁”的重视，主张仁政；荀子则将孔子的礼学精神系统化，主张礼治。孟子以人性善为基础，指出正是因为“人皆有不忍人之心。先王有不忍人之心，斯有不忍人之政矣。以不忍人之心，行不忍人之政，治天下可运之掌上”（《孟子·公孙丑上》）。因为每个人都有“不忍人之心”，所以仁政的施行成为可能。不仅如此，前代圣王也有“以不忍人之心”实施“不忍人之政”的经验，实践证明以“不忍人之政”治理天下会非常简单。君主只须“老吾老，以及人之老；幼吾幼，以及人之幼”，通过“言举斯心加诸彼而已”的推恩来治理国家（《孟子·梁惠王上》）。荀子则立足“性恶”和“分”，提出礼治的主张。“今人之性恶，必将待师法然后正，得礼义然后治。”（《荀子·性恶》）正是因为人性恶，人生来有各种欲望，才需要礼来矫正、教化人性。同时荀子认为，“人何以能群？曰：分。分何以能行？曰：义。故义以分则和，和则一,一则多力，多力则强，强则胜物”（《荀子·王制》）。也就是说，人类社会之所以能作为一个群体存在，是因为内部存在着等级名分等的诸多差别，而这些差别则是依据义而确定的。正是有了这些差别，社会群体才能和谐、统一、强大。可见，荀子认为，礼义确定的等级差别有助于构建和谐、统一的群体秩序，因而君主需要“以礼正国”。同时荀子还看到了法的作用，提出“隆礼重法”，即借助法的强制力，来辅助推行礼治。

由孔子创立，孟子和荀子进一步发展完善的先秦儒学，虽然在春秋战国时期是显学，在士人中较为流行，但因与现实政治脱钩，不能适应当时诸侯争霸、战乱不断、急需变革的社会现实需求，因而未被诸侯国君采纳。但是先秦儒家在儒学发展史上具有极高地位，直接决定了后世儒学发展的范式与高度。先秦儒学在中国思想史上也具有重要地位，直接参与塑造了中国传统文化的特色，正如有学者所说：“中国知识分子入世而重精神修养是一个极显著的文化特色。”这一特色文化的形成，离不开先秦儒家积极入世的情怀和对道德修养的提倡。千百年来，中国人尤其是中国知识分子以天下为己任的担当精神和以成圣成贤为最高目标的修身追求皆受儒家思想的影响。

二、墨家

春秋时期，随着文化下移，不仅儒家出现了孔子“弟子三千”的盛况，墨家也兴盛起来，随着墨子“徒属遍天下”，墨家学说也得以广泛传播。春秋末年与战国初年，墨学的影响不亚于孔学，与儒学并列为天下显学。“世之显学，儒、墨也。儒之所至，孔丘也；墨之所至，墨翟也。”（《韩非子·显学》）《吕氏春秋》亦言，“孔、墨之后学显荣于天下者众矣，不可胜数”（《吕氏春秋·仲春纪》），可见墨家在百家中的地位非常显著，在战国时期的百家争鸣中，甚至有“非儒即墨”之称。

墨子

墨子，姓墨名翟，是著名的思想家和教育家，是墨家学派的创始人，他擅长工巧和制作，在军事技术方面高于其他诸子。《史记》上关于墨子生平的记载很少，关于墨子是哪国人历来存在分歧，有学者认为他是宋国贵族后裔，有学者认为他是鲁国人，出身微贱。关于墨子生卒的确切时间也很难确定，综合各家研究，大概范围是在公元前480年至公元前380年之间。墨子的思想主要体现在《墨子》一书中，该书共五十三篇，是墨子及其后学的著作总集，内容可以概况为尚贤、尚同、节用、节葬、非乐、非命、兼爱、非攻、天志、明鬼等十大主张，并以兼爱为本。墨子之后，墨学也分出了三支。“自墨子之死也，有相里氏之墨，有相夫氏之墨，有邓陵氏之墨。”（《韩非子·显学》）根据胡适的研究，墨家后来发展为两种趋向：一是向以“巨子”为中心的宗教组织演化，一是向以技术与逻辑为中心转向。[①]

墨子曾“学儒者之业，受孔子之术”(《淮南子·要略》)，但后来走上了反对儒家的道路，创立墨家学派。孔子创立的儒家重礼，删《诗》《书》，定礼、乐，较好地保留了周礼，墨子则相反，他“以为其礼烦扰而不说，厚葬靡财而贫民，服伤生而害事，故背周道而用夏政”(《淮南子·要略》)。墨子认为周礼不实用，过于繁杂，希望用一些简单、有用的东西代替它。墨子学说具有很强的实用色彩，以实现利益为追求目标，主张兼爱、非攻，试图维护社会稳定。墨子也讲仁，但是在他那里，仁对于天下来说，是“富之，众之，治之”。墨子用他的“三表”来判断一切学说。所谓“三表”，就是“有本之者，有原之者，有用之者。于何本之？上本之于古者圣王之事。于何原之？下原察百姓耳目之实。于何用之？废（发）以为刑政，观其中国家百姓人民之利”(《墨子·非命上》)。他的第一表为“本之”，第二表为“原之”，第三表为“用之”，其中最后一表最重要。

墨子学于儒家，又不满于儒家，并对儒家展开批判。据《墨子·公孟》记载，墨子认为“儒之道，足以丧天下者四政焉”：一是不信天鬼之明，“天、鬼不说”。墨子还用比喻的

① 参见胡适：《先秦名学史》，《胡适学术文集（中国哲学史）》下册，中华书局，1998，第819页。

说理形式，进一步指出儒家鬼神观的荒谬性，认为儒家“执无鬼而学祭礼，是犹无客而学客礼也，是犹无鱼而为鱼罟也”。也就是说，儒家坚持没有鬼神却学习祭祀之礼，就如同没有客人却学习待客之礼，没有鱼却结网捕鱼一样，既自相矛盾又无用。二是儒家的丧礼过于注重形式，造成人力和财物的浪费。“厚葬久丧，重为棺椁，多为衣衾，送死若徙，三年哭泣，扶后起，杖后行，耳无闻，目无见。”三是重视音乐舞蹈，造成浪费。“弦歌鼓舞，习为声乐。”四是相信命运前定，容易造成人们失去进取心。“以命为有，贫富寿夭、治乱安危有极矣，不可损益也。为上者行之，必不听治矣；为下者行之，必不从事矣。”（《墨子·公孟》）在古代，礼乐之类的活动完全限于贵族，从墨子的上述批判可以看出，先秦儒家代表的是社会精英阶层的思想，而墨家则代表了战国时期普通社会阶层的一般需求。墨家大部分门徒出身于侠，《史记·游侠列传》说他们“其言必信，其行必果，已诺必诚，不爱其躯，赴士之厄困”。侠的这些特征在墨家学说中得到进一步发挥。从《墨子》及相关文献记载看，墨者组成一个纪律严明的团体，这个团体的首领称为“巨子”，对所有成员具有决定生死的权威，所有成员的进退出处皆要听命于他。墨子就是这个团体的第一任巨子，“墨子服役者百八十人，皆可使赴火蹈刃，死不旋踵”（《淮南子·泰族训》）。墨家虽出身于侠，但和一般游侠又有很大不同。他们不像游侠那样，谁雇佣就为谁服务，不论什么仗都打，墨子及其门徒强烈反对攻城略地的侵略战争，对于顺乎民意、除暴安良的战争并不反对。他们也愿意参加那些仅限于自卫的战争，如《墨子》一书中差不多有九篇在讲防御战术和守城器械。以“止楚攻宋”的典故为例，有一位著名的机械发明家公输般为楚国造了新的攻城器械云梯，楚国准备用这种新式器械攻打邻国宋国。墨子听说这件事情后，安排大弟子禽滑厘带领三百名精壮弟子，帮助宋国守城。自己则从鲁国出发，走了十天十夜才赶到楚国都城郢都，试图劝阻楚王的攻城计划。墨子和公输般在楚王面前演习了他们进攻和防御的器械和计划。墨子首先解下他的衣带，用它摆成一座城墙，又拿出一根小木棒当作守城武器。接着公输般使用了九种不同的进攻器械，都被墨子击退了。最后，公输般用尽了他的全部进攻器械，而墨子的守城器械和防御手段还远远没有用完。公输般只好认输，但他仍然故作神秘地说：“我知道怎样打败你，但是我不说出来。”墨子回答说：“我知道你对付我的办法，但是我也不愿意说出来。”楚王问缘由，墨子继续说：“公输般的意思是把我杀掉。把我杀了，宋国就守不住了，就可以攻打了。但是我的弟子禽滑厘等三百人，早已手持我发明的防御器械，在宋国的城上守候，严防楚国的侵略了。就算杀了我，你们也不能灭掉他们。”楚王听了这番话，打消了攻打宋国的念头，说道：“好啦，我不攻打宋国了。”

“兼爱”是墨子思想的核心，《墨子》中有三篇专讲兼爱。墨子在《墨子·兼爱下》中首先通过“假设”对“兼”和“别”进行了区分。他假设有两个人分别是别士和兼士。别士奉行的言行标准是“吾岂能为吾友之身若为吾身，为吾友之亲若为吾亲？”在具体行动上也是“退睹其友，饥即不食，寒即不衣，疾病不侍养，死丧不葬埋”。显然，别士是奉行爱有等差的人，只顾自己，对待朋友的饥寒病死极其冷漠。而兼士在言行上则奉行另外一套相反的标准，“必为其友之身若为其身，为其友之亲若为其亲”，并且在具体行动中“退睹其友，饥则食之，寒则衣之，疾病侍养之，死丧葬埋之”。兼士奉行兼爱思想，对待朋友的疾苦感同身受，尽最大努力帮助朋友。墨子在对兼和别进行区别以后，进一步追问，如果一个人远游，是将家室托付给兼士还是别士呢？答案显而易见，这个人必定会“择即取兼”。墨子通过区分“兼”与“别”的不同，论证“兼”的合理性。

墨子在《墨子·兼爱中》中重点论证了“兼”和“别”的是非，并提出“兼以易别”的思想。他说：“凡天下祸篡怨恨，其所以起者，以不相爱生也。是以仁者非之。既以非之，何以易之？子墨子言曰：以兼相爱、交相利之法易之。……视人之国若视其国，视人之家若视其家，视人之身若视其身；是故诸侯相爱则不野战，家主相爱则不相篡，人与人相爱则不相贼。……凡天下祸篡怨恨可使毋起者，以相爱生也，是以仁者誉之。”（《墨子·兼爱中》）显然，墨子认为“别”是错误的，是社会动乱的原因，“兼”是正确的，是社会和平安定的动力，因而应该用“兼”代替当前社会现实中存在的“别”。

墨子通过说理的方式引导人们要兼爱，指出兼爱不仅有利于社会和他人，也有利于自己，用墨子的话说：“夫爱人者，人必从而爱之；利人者，人必从而利之；恶人者，人必从而恶之；害人者，人必从而害之。”（《墨子·兼爱中》）除了说理，墨子还将外在的天帝、鬼神等奖惩引入，强调“兼”是天帝、鬼神奖赏的行为，而“别”是天帝、鬼神惩罚的行为。如在《墨子·天志上》中说：“顺天意者，兼相爱，交相利，必得赏；反天意者，别相恶，交相贼，必得罚。”除了天帝，还有鬼神，也同样执行着奖赏和惩罚的职责，褒扬实行兼爱的人，惩戒实行交相别的人。《墨子·公孟》记载了这样一个故事：墨子生病了，他的学生跌鼻上前请教说：“先生教导我们鬼神是明智的，能以福祸奖罚人们，做善事（实行兼爱）的人，会受到奖赏；做坏事（实行交相别）的人，会受到惩罚。您是圣人，为什么还得病呢？或许您以前讲得不对？或许鬼神也是不明智的？”墨子回答说：“虽然我得病了，但你怎么会因此认为鬼神不明智？造成人生病的原因是多方面的，有因天气寒暑变化而得病，有因生活劳苦而得病。就如同房屋有一百个门，你只关了一个门，盗贼怎么就进不来呢？”墨子通过形象的比喻，进一步论证了鬼神惩戒的存在，指出鬼神明智，可以奖赏实行兼爱的人，惩罚实行交相别的人。墨子通过论证鬼神对人类行为的奖惩，为兼爱学说设立了强有力的监督机制，使信徒相信实行兼爱则受赏，不实行兼爱就会受罚。

兼爱在墨子的团体内部表现为“有福同享，有祸同当”，墨子进一步将其扩大，宣扬天下的每个人都应该同等地、无差别地爱其他的人。

三、道家

道家是诸子百家中以“道”为最高哲学范畴和核心理念的一家，以老子、庄子为主要代表。道家是后人对这一学派的称呼，西汉司马谈在《论六家之要旨》中，称之为“道德家”（《史记·太史公自序》）。关于道家的起源和学派特征，班固指出，“道家者流，盖出于史官。历记成败存亡祸福古今之道，然后知秉要执本，清虚以自守，卑弱以自持，此君人南面之术也”（《汉书·艺文志》）。显然，班固认为，道家源于王官，以清虚无为和卑弱自持为主要特征。老子是道家的创始人，姓李，名耳，年长于孔子，是春秋时期伟大的思想家。

老子曾担任过周王室的守藏室史，也就是周朝的守藏室史，因博览群书、学识渊博而出名。面对诸侯争霸、混战不断的失序社会，老子给出了他的救世主张——“人法地，地法天，天法道，道法自然”(《道德经》第二十五章)。他认为要恢复安定平和的社会秩序，人就要效仿天道自然无为，“以无事取天下”(《道德经》第五十七章)。在老子创立的道家学派中，道具有核心地位，既是天地万物的本原，又是构成世界万物的本体。道以自然无为为本性，是支配宇宙万物的根本规律。老子的思想主要体现在《老子》中。《老子》也被称为《道德经》或《道德真经》，是道家的奠基之作，虽然仅五千字左右，但被道家和道教共同尊为经典，奠定了道家及道教的理论基础。庄子继承和发展了老子的思想，是战国中后期道家思想的集大成者，与老子并称“老庄”。庄子，名周，战国蒙(今河南商丘)人，其思想主要体现在《庄子》中。唐代天宝元年，唐玄宗封庄子为“南华真人”，尊《庄子》为《南华真经》。《庄子》中多寓

老子

言故事，其灵活多变的语言、浪漫主义的写作手法和辛辣讽刺的笔调对后世文学产生了重要影响。庄子常借寓言故事阐发和传播老子“道法自然”的思想，同时庄子更注重追求不受外物所累的精神上的逍遥自由。庄子的思想对中国传统思想的影响非常大，“上自秦、汉、魏、晋的黄、老与玄学，中至宋、元、明的理学，下至近代的唯心主义都有其血液贯注着”[①]。

老子重“道”。“道”是老子思想的核心，在《老子》中出现七十余次，在不同的章节段落中其含义不尽相同，共同构成了老子思想的丰富内涵。老子之“道”的突出特征有三：首先，“道”既是宇宙万物的本原，又是构成宇宙万物的本体。道是产生天地万物的根源，天地生成之前，道就已经存在，即“有物混成，先天地生。寂兮寥兮，独立而不改，周行而不殆，可以为天地母”（《道德经》第二十五章）。天地万物皆由道而生，“道生一，一生二，二生三，三生万物”（《道德经》第四十二章）。其次，道是普遍规律，虽看不见、摸不着、听不到，却无处不在，无所不包，真实存在于它所创造的万事万物中，支配着事物的发展变化。在老子那里，天地万物在道的支配下处于发展变化中，这些运动变化的事物都存在对立统一的两个方面，当事物发展到一定程度必然向相反面

① 侯外庐：《中国思想通史》第一卷，人民出版社，1985，第309页。

转化。《老子》一书中用了很多对立的词，如有无、祸福、美丑、善恶、智愚等来描述这一变化规律。再次，道是自然存在，追求清静无为。老子认为人应该效仿天道自然无为。“自然”就是将人为等外力因素排除在外，按照事物自身规律自由发展，从而实现“无为而无不为”的理想境界。具体到人道上，老子将“慈”“俭”“不敢为天下先”（《道德经》第六十七章）作为三宝，认为它们符合天道。老子认为，国家之所以出现饥荒等难以治理的情况，就是因为统治者过于有为，管得太多，“民之饥，以其上食税之多，是以饥。民之难治，以其上之有为，是以难治”（《道德经》第七十五章）。因而老子主张在国家治理上要效法天道，无为治国，从而实现“我无为而民自化，我好静而民自正”（《道德经》第五十七章）的目标。

庄子对道家的贡献，一是继承和发展老子的“道”。和老子一样，庄子也认为道是万物的起源和本体，具有自然无为的本性。二是注重对自由的追求。自由在庄子那里就是逍遥，马叙伦曾说：“开宗不了逍遥字，空读南华三十篇。”[①] 可见逍遥是庄子思想的核心。在庄子那里，不论是扶摇直上九万里的大鹏还是能够乘风而行的列子，他们都不“逍遥”，因为他们都

① 许嘉璐主编《庄子义证　庄子天下篇述义》，李林点校，浙江古籍出版社，2019，第3页。

受制于外物（风）。如若要达到逍遥，就要摆脱为物累、为物役的痛苦，达到无己、无功、无名的逍遥境界。至人、神人、圣人是达到这一境界的人，他们已经超越了“我”与“物”的区别，进入了“万物与我为一”（《庄子·齐物论》）的境界。对于如何超越这些限制，庄子给出了他的方法。一是坐忘。《庄子·大宗师》中有一则寓言，是孔子和颜回关于坐忘的对话。仲尼蹴然曰：“何谓坐忘？”颜回曰：“堕肢体，黜聪明，离形去知，同于大通，此谓坐忘。”也就是说，坐忘就是忘掉自我，摆脱个人形体的束缚和知识、经验的羁绊，和大道融通为一。二是心斋。“若一志，无听之以耳而听之以心；无听之以心而听之以气！听止于耳，心止于符。气也者，虚而待物者也。唯道集虚。虚者，心斋也。”（《庄子·人间世》）也就是说，要摒除杂念，让心像气那样虚静纯一。《庄子·达生》中记载了“梓庆削木为鐻”的故事，可以很好地说明何为心斋。梓庆特别擅长削木为鐻，每次他做完大家都会惊叹做得非常好。鲁侯召见并询问他是如何做到的，梓庆回答说：“我就是一个木匠，哪有什么高明的技术。虽然是这样，但我有一个习惯，就是每当要做鐻的时候，我都不敢耗费精气，一定要斋戒静心。斋戒三天，我就不会再考虑做成鐻后是否会受到高官厚禄的奖赏；斋戒五天，我就不会再想象做成鐻后是会受到赞赏还是受到非议；斋戒七天，我就会忘记我有四肢和躯体了。这个时候，我不再受外界影响，也不会再记得我是为朝廷做鐻了。这个时候我再进入山林，根据木材之性，选择最适合做鐻的木材，虽还未动手，鐻的形象就已经在我眼前了。这时我才会去做。这样做成的鐻是木工的自然本性和木材的自然天性的结合，所以才被人称赞为鬼斧神工。”

以老子和庄子为代表的先秦道家以其独特的辩证思维方式表达了对宇宙、对生命的理解，其贵道、重生、尚自由等思想塑造了中国人独特的心理构成和价值观。除了以老子和庄子为代表的先秦道家，在战国后期，随着诸子百家由争鸣逐步走向融合，道家内部也出现了假托黄帝之名，以老子的“道”为最高哲学范畴，融合百家思想的黄老学派。《史记》将其特色概括为“因阴阳之大顺，采儒墨之善，撮名法之要”（《史记·太史公自序》）。黄老学派吸收法家等其他诸家思想，大力倡导无为而治，受到汉初统治者的推崇，被尊为统治思想。黄老学派的思想在文景时期达到鼎盛，为汉代出现中国历史上的第一个盛世做出了重要贡献。随着汉武帝独尊儒术，黄老学派在治国中的作用逐渐减弱，转而与中国传统的神仙信仰相结合，为中国民族宗教道教的确立奠定了理论基础，创造了条件。

四、名家

名家是先秦诸子百家中的重要派别，因重“名”而得名。

名家在古代以“辩者”闻名，重“名”而不重“实”，用司马谈的话说，就是“专决于名”（《史记·太史公自序》）。可见，名家是以辩论名实著称的学派。战国时期，名家分为“合同异”和“离坚白”两派，其代表人物分别是惠施与公孙龙。冯友兰通过一个简单的例子指明了名家的特点及二派的区别。他以“这是桌子”为例，指出“这”是具体的实物，是可变的，有生有灭。“桌子”则是抽象的范畴，即名称，它是不变的。[①] 名家的共同特征是重视以“桌子”为代表的概念性范畴。但是二派强调的重点不同，“合同异”派以惠施为代表，强调实的相对性，只见合同不见离异，即认为宇宙万物的差异是相对的，这些个体的异皆可消解于共相之中，从而实现万物本为一体；“离坚白”一派以公孙龙为首领，以绝对主义与分离主义为特征，强调名的绝对性和差别的绝对化，见离不见合，见异不见同，认为名可以离开事物而独立存在，种类可以离开个体而存在。

惠施大约生活在战国中期，是宋国人，曾担任过魏惠王的宰相，是名家的代表人物。惠施和庄子生活在同一时代，相传惠施学问广博，著作颇丰，庄子对他的评价是“惠施多方，其书五车”（《庄子·天下》），因此才诞生了“学富五车”这个

① 参见冯友兰：《中国哲学简史》，北京大学出版社，2013，第82页。

惠施

成语。惠施的著作已经失传，其思想散见于《庄子》《荀子》《韩非子》《淮南子》《吕氏春秋》《战国策》等书中。惠施擅辩，《庄子》一书中曾记载庄子与惠施二人共发生了三次争论，分别是："大而无用"之争、"人故无情"之争、"鱼乐"之争。庄子的眼界甚高，"以天下为沈浊，不可与庄语"，在惠施死后，曾发出"自从你死后，我再也找不到像你一样的对手，再也没有人可以和我争论"的感叹。

惠施的思想主要体现为《庄子·天下》中所记载的惠施的十个命题，通常也被称为"历物十事"。

第一事是"至大无外，谓之大一；至小无内，谓之小一”。这是惠施关于什么是最大、什么是最小的定义，即最大的东西是它外面再没有东西了，最小的东西则是它里面再没有东西了。

第二事是“无厚，不可积也，其大千里”。无厚者，即没有厚度的东西，比如说几何学意义上理想的“面”，虽然没有厚度，但在面上可以很长很宽，也可以被称作“大”。这一命题表明物体的大和小是相对的。

第三事是“天与地卑，山与泽平”。虽然天与地、山与泽存在明显的高低差异，但是它们的高低也是相对的。如果从整个宇宙看天与地、山峰与湖泽，它们都是低的、平的。《经典释文》：“以平地比天，则地卑于天，若以宇宙之高，则似天地皆卑。天地皆卑，则山与泽平矣。”

第四事是“日方中方睨，物方生方死”。也就是说太阳刚升到正中，就已经开始西斜了；万物刚出生，就已经开始走向死亡了。这一命题表明万事万物都处在永不停息的运动之中，都是可变的，就像中和睨、生和死虽然不同，但都统一于日和物中。

第五事是“大同而与小同异，此之谓小同异，万物毕同毕异，此之谓大同异”。也就是说，具体到不同的事物之间进行比较，有大同小异，有小同大异。大同与小同的“异”是不一样的，这就是惠施所谓的小同异。举例来说，男人和女人之间是大同而小异，人和蛇之间是小同而大异。显然男人和女人之间的异与人和蛇之间的异是不同的异，这种同和异是在不同的具体的物之间进行比较，得出的相对结论，这种同异是小同异。如果我们把万物作为比较的对象，既看到它们所共有的同，又能看到它们作为个体的异，这种同和异就是大同异。例如，万物都是由物质组成的，这是它们所共有的同；同时，作为万物组成部分的个体又各有其自身的特点，这就是万物的异。我们可以说万物毕同，也可以说万物毕异，这就是惠施所谓的大同异。

第六事是“南方无穷而有穷”。这里讲的是惠施对南方这一空间方位的认识，即空间方位的“无穷”和“有穷”是相对的。

第七事是“今日适越而昔来”。这是用来描述时间的相对性。时光飞逝，俯仰之间，已成陈迹。今日适越，既至则为昔了。

第八事是“连环可解也”。连环本不可解，但如果将其毁坏，连环也就可以解了。可见，世界上没有什么牢不可破的东西，“可解”与“不可解”也是相对的。

第九事是“我知天下之中央，燕之北，越之南是也”。燕国当时是诸侯国中位于最北边的国家，而越国位于最南边。因而天下之中央应该在燕之南、越之北。但是从宇宙空间的无限性上来看，燕之北亦有北，越之南也有南。最南与最北也是相对的，在无限的宇宙空间中，任何一个区域都可以被看作是天下之中央，因而燕国之北和越国之南也有可能成为天下的中央。

第十事是“泛爱万物，天地一体”。万物之间没有绝对的不同，因而要广泛地爱护各种物类；天地之间也没有绝对的区别，因而要实现天地万物的一体。

“历物十事”所体现的主要思想可以概况为“合异以为同”，也就是说，宇宙万物的差异是相对的，即使是差异极大、甚至貌似对立的事物之间也存在着同一性，因而“万物毕同”。

名家的另一重要代表人物是公孙龙，史书关于其生平及国别没有详细记载，但根据史料可以知道他是战国时期名家“离坚白”派的重要代表，以诡辩而闻名，曾长时间担任赵国平原君的门客，其代表性著作为《公孙龙子》。提起公孙龙，首先想到的就是其“白马非马”的故事。据说战国时期，赵国附近的马匹患流行性传染病，大量死亡。为防止瘟疫传入，秦国便在函谷关口贴出告示，禁止赵国的马过关。一天，公孙龙由赵国骑马欲过关，关吏说：“马不能过关。”公孙龙说：“我骑的是白马，白马非马，怎能不过关？”说着就和马一起过去了，留下了瞠目结舌、不知如何回答的关吏。

公孙龙在《白马论》中，通过问答的形式对其辩题“白马非马”做了详细论证。“曰：‘白马非马，可乎？’曰：‘可。’曰：‘何哉？’曰：‘马者，所以命形也；白者，所以命色也；命色者，非命形也。故曰白马非马。’”针对提问，公孙龙首先给出白马之所以非马的原因：马之所以被称为马是根据外形而命名，白则是用来指颜色。白和马的内涵不同，是两个独立的概念，所以白马和马也不一样，因而白马非马。换句话说，他认为白和马及白马各自内涵不同，因而作为“个别”的白马和作为“一般”的马也不同。公孙龙看到了马与白马这两个概念的差别，但将二者完全割裂开来并绝对分离。

对于上述论述，也有人提出了质疑：“有白马，不能说是没有马。既然不能说没有马，那么白马不也是马了？既然说有白马可以被认为是有马，那你为什么说白色的马不是马？”公孙龙给出了关于“白马非马”的第二点论证：“求马，黄、黑马皆可致。求白马，黄、黑马不可致。使白马乃马也，是所求一也，所求一者，白者不异马也。所求不异，如黄、黑马有可有不可，何也？可与不可其相非明。故黄、黑马一也，而可以应有马，而不可以应有白马，是白马之非马审矣。”这段话则说明，从外延上看，马是以外形而不是以颜色来下的定义，因而不论是黄马、黑马还是白马，从外形上看都属于马的范畴；而白马则是以颜色来进行区分，白马的外延只包括白马，黑马和黄马不能被认为是白马，由于马与白马的外延不同，所以“白马非马”。对于这一解释，质疑者并不满意，反问道：“按照你的观点，马有了颜色就不同于马了。但是天下没有无色的马，那么世界上也就没有马了吗？”公孙龙再次对其“白马非马”论给出解释：“马固有色，故有白马。使马无色，有马如已耳，安取白马？故白者非马也。白马者，马与白也；马与白非马也，故曰：白马非马也。”这段解释表明，马作为“马”的共性与颜色无关；而白马是受白色与马共同限定的马，所以“白马非马”。

除了《白马论》，公孙龙还在《坚白论》中解释了其著名的辩题“离坚白”。他首先通过设问的形式提出，是否有坚硬的白色石头，接着回答说没有。进而提问：“是否有坚硬的石头或者是白色的石头？”他的回答是“有”，因为“视不得其所坚而得其所白者，无坚也。拊不得其所白而得其所坚者，无白也”。也就是说，即使存在一块坚硬的白色石头，但是如果我们用眼看只能知道它是白的，不能认识到它的坚硬，因而我们对它的认识是这是一块白色的石头；如果我们用手摸，可以认识到它是坚硬的石头，但是感觉不到它是白色的石头。所以坚和白是分离的，只有白色的石头或者坚硬的石头，没有坚硬的白色石头。这也是他所谓的“无坚得白，其举也二；无白得坚，其举也二”。他还进一步论证说：“物白焉，不定其所白。物坚焉，不定其所坚。”坚和白表现在一切坚物和一切白物之中，并且可以独立于所有白色、坚硬的东西而存在。因此坚和白是彼此独立和相离的。

名家的思想及其代表人物在战国时曾显赫一时，但名家重名不重实的思想与长期以来占中国主流地位的实用主义哲学传统相背离，加上其提出的不符合常识和常理的辩题，为其招致了来自儒、墨、道等诸家的批判，随着秦始皇统一专制王朝的建立和汉武帝“罢黜百家，独尊儒术”政策的实施而归于沉寂。但名家思想中体现的逻辑性、思辨性和朴素辩证的思维方式，以及辩论过程中运用的辩论技巧、辩论方法却延续下来，极大地促进了中国古代逻辑思想和辩学的发展。

五、法家

法家是顺应时代潮流而生的一家。就政治层面而言，法家在春秋战国时期直到秦代的影响力比其他各家都大。《礼记·曲礼上》有言：“礼不下庶人，刑不上大夫。”这很好地概括了西周时期社会国家治理的基本原则：一是用礼来约束王公贵族的行为，二是用刑来管理平民的行为。但是这一治理方法在春秋战国时期遇到挑战。法家代表人物敏锐地察觉到了春秋战国时期社会上出现的新问题，“民道弊而所重易也；世事变而行道异也”（《商君书·开塞》），从而提出一种新的治理国家的方式方法。当代学者武树臣和李力对其核心思想及其所强调之“法”的实质做了全面而精辟的概括。“该学派以力主‘以法治国’的‘法治’而得名。他们的社会基础，是由非贵族的平民通过各种途径上升为土地所有者的新兴地主阶级组成的。他们所主张的‘法治’是以中央集权的君主专制政体为形式的新兴地主阶级的统治，他们所鼓吹的‘法’正是与贵族阶级相对立的地主阶级的意志。”①

法家的出现适应了春秋战国时期诸侯争霸的需要，其治理效果也是立竿见影的，因而受到很多君主的重用，在法家代表人物中，除了韩非子因被陷害未受重用，其他法家代表人物管仲、子产、李悝、吴起、商鞅、李斯等皆受重用，并在各自的诸侯国实行变法图强。比如，管仲在齐国为相，辅佐齐桓公成为春秋第一霸；子产在郑国执政，使郑国成为春秋初期最有影响力的诸侯国之一；李悝在魏国变法，使魏国在兵力、国力方面都有了较大的提升；商鞅在秦国变法，使秦国成为战国时期最强大的国家，为秦始皇统一全国打下良好基础。虽然各诸侯国重用法家，在一定程度上实现了富国强兵，但是法家主要代表人物的命运多以悲剧结果，如吴起被肢解，商鞅、李斯也遭受死刑。

① 武树臣等：《法家思想与法家精神》，中国广播电视出版社，2007，第1页。

韩非子

战国末年法家的集大成者是韩非子。他是韩国的公子，虽然拜荀子为师，但他继承了法家思想，其主要著作为《韩非子》，共五十五篇。公元前233年，韩非子被他的同学李斯毒死于秦国的监狱中，但是他的思想却在秦国得到了贯彻执行。在韩非子之前，慎到重“势”，申不害重“术”，商鞅重“法”，韩非子综合诸派，认为法、术、势三者“不可一无，皆帝王之具也”（《韩非子·定法》）。

韩非子重“法”，强调“明法者强，慢法者弱”（《韩非子·饰邪》）。他指出“法者，编著之图籍，设之于官府，而布之于百姓者也”（《韩非子·难三》），也就是说法用于明处，通过成文法令的形式表达君主的意志，因而要尽量让所有人都知道并去执行。《韩非子·内储说上》记载了这样一则寓言：董阏于在担任赵国上地的太守时，在山中行走发现有处山涧有百仞之深，山崖陡得如同墙壁，于是便问有没有人曾经跌入山谷，随从的人回答说没有。他又接着问有没有婴儿、痴呆的人、聋人、精神错乱的人跌入山谷，随从的人也回答说没有。他接着问是否有牛、马、狗、猪跌落山谷，随从的人依然回答说没有。董阏于于是长叹道：“我知道如何治理国家了。如果我制定的法令不存在赦免的情况，就像人跌入山涧必死一样危险，人们就不敢去触犯法律，这样就不会出现不能治理的情况了。”韩非子通过寓言故事，强调法令的重要性，证明了“罚重诛严”的必要性，从而让人不敢触犯法律。

韩非子重视法律，强调“法不阿贵，绳不挠曲”（《韩非子·有度》），要求执法者不能因为害怕权贵而徇私枉法。《韩非子·外储说右上》记载了一则寓言，大概意思是楚王有急事召见太子，楚国的法律规定车子不准进入茆门，但那天正逢下雨，庭院有积水，太子就驾车进了茆门。廷理官说：“车子不能进入茆门，如果进入就是违法。”太子回答说：“大王急召，不能等到没有积水。”随后驱车前行。廷理官没有听太子的解释，举长枪刺击太子的马，并弄坏了他的车架。太子进宫后对楚王哭诉，并请求诛杀廷理官。楚王却说：“对于年老君主规定的法律不逾越，对于即将继位的太子不归附，值得敬重啊，真是一名守法的臣子。”于是给廷理官增加爵位两级，并警告太子不要再犯这样的错误了。

韩非子不仅重法，而且重术，提出“中主守法术，拙匠守规矩尺寸，则万不失矣”（《韩非子·用人》），也就是说，普通才能的君主在治理国家时能够守法用术，笨拙的匠人用好规矩准绳，就不会有什么过失。那么韩非子口中的术是什么呢？首先看韩非子对“术”的定义。《韩非子·难三》指出，“术者，藏之于胸中，以偶众端而潜御群臣者也”。《韩非子·定法》认为，“术者，因任而授官，循名而责实，操杀生之柄，课群臣之能者也”。可见他认为术和法不同，术是深藏于胸中的办事、用人的方法和艺术，或者说是政治手腕。韩非子认为，君主只有将术与法配合使用，才能够更好地管理臣子，治理国家。他在《韩非子·问田》中通过谈话的形式，进一步说明了这一道理。徐渠问田鸠道：“我听说智慧圣明的人可以不用通过从底层做起就能得到君主的赏识和任命。阳城义渠是个著名的将领，但也曾做过军队的小官；公孙亶回是个杰出的相国，也是从地方官做起，这是为什么呢？”田鸠回答说：“这没有别的原因，而是君主掌握了法和术的缘故。难道您没听说楚国任用宋觚做大将而败坏了政事，魏国用冯离为相国而使国家灭亡么？这两个国家的君主被这二人的花言巧语所蒙骗，被诡辩所迷惑，没把他们放到低级职务去考验，从而招来政治败坏、国家灭亡的祸患。”

韩非子也非常重视“势”，认为“势者，胜众之资也”（《韩非子·八经》）。势主要是指权势，韩非子认为只有有了势才能更好地施展法和术。《韩非子·难势》引用慎子的话说：

“尧为匹夫，不能治三人；而桀为天子，能乱天下，吾以此知势位之足恃，而贤智之不足慕也……尧教于隶属，而民不听，至于南面而王天下，令则行，禁则止。则此观之，贤智未足以服众，而势位足以缶贤者也。”显然他认为，拥有圣贤的品德和高明的智慧并不能令百姓信服，而权势则是国家得以有效治理的重要保证。对于权势，君主要牢牢把握在自己手中，决不能分权给臣属，更不能造成臣属专权。他通过寓言的形式进一步解释了对“势”的态度。《韩非子·内储说上》中记载了一则寓言，大意是卫灵公在位时，弥子瑕受到宠信，把持朝廷大权。有一个侏儒拜见卫灵公，并对他问：“我做的梦应验了。”卫灵公问：“你做了什么梦？”侏儒答：“我在梦里看见了灶，这是进见主公的预兆。”卫灵公听后大怒，说：“我听说要见君王的人，会梦见太阳。你见寡人怎么会梦见灶呢？”侏儒回答说：“太阳普照天下，没有东西可以挡住它的光芒。君王就像普照一个国家的太阳，没有人可以遮蔽他的光芒。所以要见到国君的人，会梦见太阳。灶这个东西，如果一个人在那里烤火，后面的人就看不见火光了。现在卫国或许就有人遮住了君王的光芒了吧！所以我梦见了灶。”显然韩非子认为君主一定要握紧自己的权势，决不能与臣子共享权势，更不能把权势转移给臣子。他在《韩非子·外储说右下》中亦指出，虽然王良、造父以擅于驾车闻名天下，但是如果让二人同时驾驭马车，马甚至连十里都走不了，这是两人共同驾驭、相互干扰的缘故。虽然田连、成窍擅长弹琴，但如果让他们共同弹琴，也不能演奏成曲，这是两人共用一物的缘故。可见，像王良、造父这样的驾车高手都不能共驭，如田连、成窍这样杰出的乐师也不能共琴，君主和臣子又怎能共同掌握权力而治理国家？因而在君臣权势上，韩非子得出如下结论："是故诸侯之博大，天子之害也；群臣之太富，君主之败也。将相之管主而隆家，此君人者所外也。万物莫如身之至贵也，位之至尊也，主威之重，主势之隆也。"（《韩非子·爱臣》）也就是说，如果诸侯势力过于强大，对天子来说是祸害；同样，如果让群臣特别富有，这样的君主也是失败的。将相个人私有势力强大并且控制住君主，这是君主应该避免的。世上最尊贵的是君身，最尊崇的是君位，最强大的是君威，最隆盛的是君权。可见，韩非子强调君主应该具有至高无上的权威，将权势牢牢把握在自己手中。

以韩非子为代表的法家代表新兴地主阶级的利益，他们对法、术、势的强调，对强有力的君主专制的推崇，适应了专制主义中央集权的需要；法家掌权后在诸侯国推行的各种变法也适应了生产力发展的需求，因而在战国时期法家对社会变革的影响最大。不仅如此，秦朝能由弱小走向强大，建立中国历史上第一个中央集权的国家，商鞅变法功不可没。以法家为治国思想的秦朝在实现统一后十五年便迅速灭亡。汉初统治者总结秦亡的教训，放弃了法家思想，代之以黄老之学治理国家，法家在政治上的直接影响在汉代逐渐隐而不现。随着汉武帝“罢黜百家，独尊儒术”政策的实施，法家思想逐渐走入历史舞台的幕后，但纵观两千多年的封建社会，法家思想在国家治理中仍然发挥着重要作用。

六、阴阳家

阴阳和五行原本是两个相互独立的思想体系，它们以各自的方式解释着世界，直到战国时期，阴阳和五行学说逐渐融合，出现了以提倡阴阳、五行学说为宗旨的阴阳家，又称阴阳五行家。阴阳家出于术数。《汉书·艺文志·数术略》将术数分为天文、历谱、五行、蓍龟、杂占、形法六类。虽然这六种术数的内涵各不相同，但它们都是早期人们探索、解释、利用自然的手段。最初掌握这些术数的世袭王官为西周王朝所独占，后来随着诸侯国的崛起和周王朝的衰落，他们逐渐丧失了世袭官职而流落民间。春秋战国时期是中国思想界最为活跃的时期，百家思想在争鸣中相互融合，尤其是在齐国的稷下学宫，诸子自由论战，在论战中吸收彼此的思想充实自己的学说和观点。在这一学术背景下，阴阳和五行学说逐渐结合，并融入儒、道思想，形成了诸子百家中的著名一家——阴阳家。

邹衍

阴阳家的主要代表人物是邹衍。他是齐国人，曾活跃于稷下学宫，因擅长谈“天”而被称为“谈天衍”，据说其著作有十余万言，但都已经失传，其主要思想散见于《吕氏春秋》和《史记》中。在战国末期，阴阳家虽不是显学，但自汉代以来其对中国社会的影响不容小觑，对汉代以来的儒家学说、道家思想也产生了较大影响。

“五德终始”说是邹衍的主要思想。《吕氏春秋》的《有始览·应同》篇虽未提及邹衍，但被认为是邹衍的“五德终始”说的详细论证。“凡帝王者之将兴也，天必先见祥乎下民。黄帝之时，天先见大蚓大蝼。黄帝曰：土气胜。土气胜，故其色尚黄，其事则土。及禹之时，天先见草木秋冬不杀。禹曰：木气胜。木气胜，故其色尚青，其事则木。及汤之时，天先见金刃生于水。汤曰：金气胜。金气胜，故其色尚白，其事则金。及文王之时，天先见火，赤乌衔丹书集于周社。文王曰：火气胜。火气胜，故其色尚赤，其事则火。代火者必将水，天且先见水气胜。水气胜，故其色尚黑，其事则水。水气至而不知，数备，将徙于土。”显然，邹衍的“五德终始”说是建立在天人感应的思想之上的。上天通过显示各种天象来预示吉凶，圣人能理解这些现象，并调整自己的行为使之符合这些要求。邹衍重视五行的终始、转移的次序和相生相克的变化，认为五德转移是始于土，继之以木、金、火，终于水，然后终而又始地无限循环下去。这在《文选·魏都赋》李善注中进一步得到印证：“邹子有终始五德，从所不胜；木德继之，金德次之，火德次之，水德次之。”以五德终始解释历史的循环变化，认为是土德的黄帝为木德的夏朝所克，夏朝又被金德的商朝所克。火德的周朝又将会被以水为德的王朝所取代，而以水为德的王朝，终将会被以土为德的王朝所取代，从而进行周而复始的历史循环。这一学说，在一定程度上适应了统一王朝的政治需要，为秦始皇取代周朝提供了理论基础。正如司马迁所言，“始皇推终始五德之传，以为周得火德，秦代周德，从所不胜。方今水德之始，改年始，朝贺皆自十月朔”（《史记·秦始皇本纪》）。秦始皇相信“五德终始”说，认为周是火德，秦是水德，秦取代周是必然的。后来取代秦国的汉朝皇帝也相信自己立国是应五德转移之运而生。汉代大儒董仲舒以儒家思想为核心，吸收了阴阳家的部分思想，尤其是天人感应和“五德终始”说，形成了宣扬君权神授、维护政治大一统的“天人合一”说和“天人感应”说。随着汉武帝“罢黜百家，独尊儒术”政策的实施，并入儒家的阴阳家的部分思想得以在全国推广，并为后世中央集权王朝的建立和合法地位的取得提供了理论支持。

“大九州”说是邹衍首创。他通过由近及远的推理，预测了世界地理的概貌，动摇了“中国即天下”的传统认识，将中国和天下区分开来，为古代中国人更加理性科学地认识世界和中国创造了条件。《史记·孟子荀卿列传》中对“大九州”说有较为完整的记载：“以为儒者所谓中国者，于天下乃八十一分居其一分耳。中国名曰赤县神州。赤县神州内自有九州，禹之序九州是也，不得为州数。中国外如赤县神州者九，乃所谓九州也。于是有裨海环之，人民禽兽莫能相通者，如一区中者，乃为一州。如此者九，乃有大瀛海环其外，天地之际焉。”显然，“大九州”是在批判儒家对“中国”的认识的基础上提出的，旨在明确中国和天下的关系。邹衍认为儒家所说的“中国”仅占整个“大九州”，也就是天下的八十一分之一。中国被称作赤县神州，包括《尚书·禹贡》中提到的九州，即“小九州”。中国之外，还有八个像赤县神州一样大的州，合起来共九州，可称作“中九州”。像“中九州”这样大的州，总共有九个，可称作“大九州”。“大九州”说的提出表明古代中国人的活动范围日益广泛，思维方式更加理性化，对宇宙的空间认识更加合理。

七、兵家

兵家是诸子百家中研究军事理论、谋划军事策略、从事军事活动的学派。据中国现存最早的目录学文献《汉书·艺文志》记载，兵家有权谋、形势、阴阳、技巧四家。但能够流传至今且影响深远的是以孙武和孙膑为代表的权谋派。

春秋时期，诸侯争霸战争频繁，人民饱受战乱之苦。春秋末期，在拥有深厚兵学文化传统的齐国，著名军事家孙武开创了兵家学派。孙武，齐国乐安（今山东省北部）人，字长卿，是中国古代伟大的军事家，被尊为“兵圣”，代表作《孙子

孙武

兵法》是中国现存最早的兵书，也是世界上最早的军事专著。经伍子胥推荐，孙武受到吴王阖闾的接见和重用，协助吴王西破强楚，创造了中国军事史上以少胜多的成功战例。

《孙子兵法》分三卷，共十三篇，其内容博大精深，对战争原则、战前准备、战中策略、决定战争胜负的因素等都有详细论述，具有极强的前瞻性，正如李世民所说，“观诸兵书，无出孙武”。孙武虽善战但不好战，曾明确提出慎重对待战争，认为“兵者，国之大事。死生之地，存亡之道，不可不察也”(《孙子兵法·始计篇》)。孙武的慎战包含两方面的内容：一是不要意气用事，随意出战，而是要以对自己有利作为出战的原则；二是时刻做好战争准备，强大自己，做到有备无患。

孙武的《孙子兵法》虽仅有五千余字，但蕴含的军事思想博大精深，可以从与他相关的两个歇后语中略窥一斑。第一个歇后语是孙武训宫女——纪律严明；第二个歇后语是孙武用兵——以一当十。孙武训宫女又名“吴宫教战”，是说孙武将自己的兵法呈现给吴王后，吴王大为赞赏，为了进一步试探孙武的军事才能，便对孙武说：“先生的十三篇兵法我都看过了，能否以妇女为士，实际操练一下练兵啊？”在得到孙武的肯定回答后，吴王从后宫挑选了一百八十名宫女，交给孙武在练兵场演练。孙武将宫女们分为左右两队，并将吴王的两位宠妃任命为队长。孙武认真宣讲操练要领，并要求她们一切行动以鼓声为准。宫女们虽然回答听明白了，却不听号令，嬉笑打闹，觉得好玩。孙武于是根据兵法，要斩杀左右队长，吴王连忙派人传令，要求赦免两个爱妃。孙武拒绝了，说“将在军中，君命有所不受”，执意杀掉两位队长，重新任命队长，继续练兵。当孙武再次击鼓发令时，众宫女的行动全都符合规定，队形十分整齐。孙武对痛失爱妃的吴王说：“令行禁止，赏罚分明是兵家常法，治军通则。”这也是孙武治军思想中“令之以文，齐之以武”（《孙子兵法·行军篇》），即用政治道义教育士兵，用严刑重罚统一行动的实际操练。

在孙武的军事思想中，谋略占有重要位置。他曾提出“知己知彼，百战不殆”（《孙子兵法·谋攻篇》）的著名论断，强调要对作战双方的实际情况有正确的认识。“人”和“势”的关系在孙武的军事谋略中占有重要位置。战争离不开人的参与，充分发挥人的作用，使用正确的谋略是战争胜利的关键，但他同时强调人的主观能动性的发挥必须以“求势”“认势”为基础，因而他将二者的关系概括为“故善战者求之于势，不责于人。故能择人而任势”。即擅长指挥战争的统帅致力于制造和寻求有利于自己的形势，而不是苛求士兵，因此能准确预测战争发展的态势，根据实际情况选择合适的属下排兵布阵，从而能牢牢把握战争的主动权，赢得战争的最后胜利。“西破强楚”是孙武运用谋略排兵布阵“以一当十”的著名战役。公元前506年，吴楚之间为争夺江淮流域的控制权发生战争，孙武率三万吴国精兵攻打楚国，消灭二十多万楚军，占领楚国都城郢城，几近覆亡楚国，创造了一个“以一当十”的用兵神话和中国军事史上以少胜多的奇迹。在这场以少胜多的战役中，孙武将伐谋、伐交演绎得淋漓尽致。所谓伐谋是通过诸多方法，如用离间手段削弱对手。伐交就是使用外交手段拉拢楚国的盟国，孤立楚国，使之失去盟友。在使用计谋削弱对手的同时，孙武还采取“取用于国，因粮于敌”(《孙子兵法·作战篇》)的策略，吃掉楚军的食物，利用敌人的粮食就地补给。

孙武军事思想的重要传承者是战国时期著名的军事家孙膑。据《史记·孙子吴起列传》记载，孙膑是孙武的后代子孙，生于阿鄄之间（今山东郓城、鄄城一带）。孙膑和庞涓本为同门，一起拜师学习兵法，孙膑后被庞涓骗至魏国。庞涓因嫉妒孙膑的才能，对其进行迫害，使其遭受膑刑（挖去膝盖骨）而落下残疾。在齐国使臣的帮助下，孙膑逃往齐国，并被齐威王任命为军师，和田忌一起取得了奠定齐国霸业的桂陵之战和马陵之战的胜利。孙膑的军事思想集中体现在《孙膑兵法》中。虽然先秦兵家顺应战乱的时代而产生，春秋战国的诸多争霸战争、兼并战争为其总结战争规律、制定战时策略提供了宝贵的实践经验，但先秦兵家创建战争理论的目的则是终止战争，谋求国家的和平。《左传·宣公十二年》中记载了一句兵家名言，即“夫武，禁暴、戢兵、保大、定功、安民、合众、丰财者也”。这表明兵家的宗旨是以战止战，即通过掌握战争规律、精通战争谋略和排兵布阵方法、统筹安排战争，达到禁暴诛乱、消灭战争，实现国泰民安的目的。

记载孙膑的军事思想的《孙膑兵法》成书于战国时期，后来失传，今本《孙膑兵法》共十六篇，以1972年4月出土的山东银雀山汉墓竹简的内容为主。竹简本的《孙膑兵法》内容缺失严重，难以系统再现孙膑军事思想的原貌，但我们可以从“田忌赛马”和“围魏救赵”中管窥一斑。据《史记·孙子吴起列传》记载，孙膑受齐国使臣救助重回齐国后，得到齐国大将田忌的赏识和礼遇。田忌经常和齐国的诸位公子以重金作为赌注赛马。孙膑发现那些参加比赛的马差别不大，都有上中下三个等级，于是建议田忌道：“您下次赛马可以加大赌注，我定能帮您取胜。”田忌非常信任他，于是在接下来和齐威王及诸位公子的赛马比赛中，将赌注增加到千金。比赛开始前，孙膑说：“用您的下等马和他们的上等马比赛，用您的上等马和他们的中等马比赛，用您的中等马和他们的下等马比赛。”赛马结束了，田忌以一败二胜赢得齐威王的千金。田忌借此把孙膑引荐给齐威王。齐威王向孙膑询问兵法问题，孙膑皆对答如流，于是被齐威王封为齐国的军师。

“围魏救赵”的成语典故和战国时期齐魏之间的桂陵之战有关。公元前354年，魏国军队在大将庞涓率领下直逼赵国都城邯郸。邯郸被围后，赵王向齐国求救。齐威王命田忌为大将、孙膑为军师，率大军救援赵国。田忌接纳孙膑的建议，放弃自己直奔赵国邯郸，与魏军正面作战的计划，而是避实就虚直攻魏国都城大梁。孙膑料定庞涓得知都城被围，必定着急回师解救，于是在桂陵设下埋伏，以逸待劳静候长途跋涉的魏军。日夜兼程的魏军早已疲惫不堪，又遇齐军的埋伏和突袭，一战而溃不成军。桂陵之战，魏军大败。

以孙武和孙膑为代表的先秦兵家重谋略，孙武提出“用兵之法，全国为上，破国次之；全军为上，破军次之。……是故百战百胜，非善之善者也；不战而屈人之兵，善之善者也”(《孙子兵法·谋攻篇》)。可见，孙武认为通过战争手段打败敌人并非上策，而通过谋略不费一兵一卒就使敌国“全国”“全军”归顺才是最高明的策略。他进一步强调指出，“故上兵伐谋，其次伐交，其下伐兵，其下攻城。攻城之法为不得已”(《孙子兵法·谋攻篇》)。也就是说，最好的用兵之道是通过谋略取胜，其次是通过外交，再次是通过武力，攻打敌人的城池是最不得已的下策。孙膑不仅继承了孙武对军事策略的重视，更完善了战争实践对具体的战术、战法的迫切需求，首创了因敌制胜、奇正多变的战术、战法。他提出了阵、势、变、权的战术论，主张“凡兵之道四：曰陈（阵），曰埶（势）”(《孙膑兵法》)。他还从具体情况出发，分析了可能会出现的敌我不同的情况，以及应该采取什么样的战法。

虽然中国传统文化以儒、道为主干，但以谋略为特质的先秦兵家文化，始终贯穿于整个中国历史之中。先秦兵家的思想主要涉及军事斗争的理论和方法，与国家安危休戚相关，后世历代王朝的统治者都无法脱离它。战乱时期，军事将领用其中蕴含的军事谋略、战中策略和战略原则治理军队、指导军事战争，屡立战功。和平时期，军队训练、边疆防御也都离不开先秦兵家思想的指导，政治、外交领域的斗智斗勇中也常见先秦兵家谋略的影子。

先秦兵家的思想及在其指导下的战争实践，不仅是中国的军事理论和军事科学的源头和重要组成部分，还对世界其他国家的军事理论和军事研究产生了重要影响。如美国的西点军校、空军学院等著名军事院校都将《孙子兵法》作为必修课程。不仅如此，在当代社会中，随着商业竞争的日益激烈，越来越多的商人和企业家开始深刻体会到商场如战场，需要公平竞争，更离不开谋略的运用，他们开始关注并挖掘先秦兵家思想对企业管理的指导价值。尤其是近现代以来，不仅是中国人，日本和欧美等国家的管理界也纷纷掀起了研习孙子的思想尤其是孙子的管理学思想的热潮。如第二次世界大战后的日本企业家就掀起了大规模学习、研究《孙子兵法》，并将之运用到现代企业管理的热潮。

第二节　中国传统思想的融合发展

春秋战国时期，虽然各派学者有不同甚至相反的主张，彼此之间经常辩论和诘难，但在辩论中彼此吸收、相互融合的趋势逐渐凸显，正如班固所说："其言虽殊，辟犹水火，相灭亦相生也；仁之与义，敬之与和，相反而皆相成也。"（《汉书·艺文志》）战国末期至汉代，中国传统思想内部诸家在争鸣中彼此融合，儒、道两家脱颖而出，初步形成中国传统思想史上儒道并立、互补融合的局面。东汉时，佛教传入中国，打破了儒道并立的局面。儒、道、佛在冲突中融合，在融合中发展，成为汉代以后中国思想文化发展的重要内容。

一、争鸣中的融合

轴心时代的诸子在彼此争鸣与论战中逐渐显示出融合的趋势，也就是说，诸子的学说虽彼此对立冲突，但又相互吸收融合。如《墨子·非儒》对以孔子为代表的儒家的礼义思想进行了抨击，孟子与荀子在坚决捍卫儒家的核心价值理念的基础上，对批评进行了回应。孟子“辟墨”主要批判墨家的“兼爱”学说，认为“墨氏兼爱，是无父也”；荀子侧重于批评墨家的“节葬”与“非乐”学说，认为“墨子之‘非乐’也，则使天下乱；墨子之‘节用’也，则使天下贫”（《荀子·富国》）。除了批判，儒家的代表人物还注重吸收异端思想的合理性，如孟子的仁政学说就受到了墨家思想的影响。同样，法家代表人物韩非子的思想，也受黄老思想的影响。这种思想上的大融合伴随着政治上的大一统，在秦汉时期继续向纵深发展，并最终奠定了中国传统思想文化的根基。

诸子思想在争鸣中融合的倾向首先体现在稷下学宫的兴盛上。稷下由齐国都城临淄西门稷门而得名。齐国国君在此地建立的学宫被称为“稷下学宫”。稷下学宫以兼容并包、来去自

稷下学宫（韦辛夷画）

由而闻名，诸子百家人物皆可在此讲学授课，辩论探讨学术或政治问题。稷下学宫各派大师云集，囊括了儒、道、墨、法、名、黄老、纵横等诸多学派。比较著名的稷下先生有淳于髡、荀子、邹衍等人。稷下学宫崇尚辩论，不同学派之间，同一学派内部，师生之间皆可辩论。稷下学宫还常以辩论为欢迎式，作为迎接学者入齐的大礼。虽然各派学者有不同甚至相反的主张，但都能在稷下自由宣扬和辩论，通过辩论进一步融合发展。

诸子思想在争鸣中融合还体现在战国后期出现的对先秦诸子思想的批判总结上。荀子是总结诸子百家思想的第一人，他不仅是儒家的集大成者，更是集百家之所长。他的《非十二子》虽然对各家思想进行了批判，但也予以吸收。荀子一生大部分时间都在齐国游学，因为才高望重，在稷下学宫三次被推为祭酒。稷下学宫浓厚的学术和辩论氛围，使他能够对诸家学说都有所了解，这不仅为他批判各家学说提供了前提，更有利于他吸收诸家优点入儒，从而实现对传统儒家的创造性改造。如《荀子·天论》批判地吸收了道家的天道观，提出“天行有常，不为尧存，不为桀亡。应之以治则吉，应之以乱则凶”。显然他认为，天道有其自身的运动规律，人只能去适应它，不能违背它。不仅如此，荀子思想受法家思想影响也比较明显，看到了法在社会中的作用。荀子认为“人之性恶，其善者伪也”（《荀子·性恶》），因而要“化性而起伪，伪起而生礼义，礼义生而制法度”。荀子一方面继承了儒家的“礼治”，另一方面又吸收和改造了法家的“法治”，提出“法者，治之端也”(《荀子·君道》)，并且指出国家治理中要礼法并用，共同约束人的行为。他在《荀子·君道》中提出：“隆礼至法，则国有常。”荀子吸收法家学说，开儒法合流的先河。

杂家的出现是诸子思想在争鸣中融合的又一重要表现。杂家是战国末期至汉初兼采各家的综合学派。“杂家者流，盖出于议官。兼儒、墨，合名、法；知国体之有此，见王治之无不贯，此其所长也。”(《汉书·艺文志》)杂家的代表人物吕不韦是卫国濮阳（今河南濮阳）人，担任秦相期间，曾招揽门客三千人，并亲自参与其中，编成《吕氏春秋》。《吕氏春秋》一书兼容道、儒、墨、法、阴阳、名、兵、农等诸家学说，收录了诸子百家关于治国的合理因素，但自身缺乏统一的基本主张和核心观念。如《吕氏春秋·察今》中记载的“变法者因时而化”的观点来自商鞅；《吕氏春秋·慎势》中“王也者，势也；王也者，势无敌也。势有敌则王者废矣”等关于权力的论述与韩非子的思想一致；《吕氏春秋·君守》中关于君主治理国家的方法“大圣无事，而千官尽能”则取自道家。阴阳家的思想则主要体现在《吕氏春秋·应同》中所宣扬的“五德终始”说和“感应”说上。此外，《吕氏春秋》还大量引用了墨家、儒家、兵家的思想。《吕氏春秋》一书还体现了战国末期儒法合流的倾向。如《吕氏春秋·察今》中的“世易时移，变法宜矣”是法家思想，但其中的“察今则可以知古，古今一也”则和法家不同，有明显的儒家倾向。杂家和以荀子为代表的儒家虽在战国后期都讲融合，但前者是诸家观念的汇编，没有形成独立的体系；而后者虽也包容并蓄，积极吸收各家精华，但始终保持着儒家的核心思想和观点。

二、儒、道并行交替

秦朝统一六国建立高度的中央集权后，继续重用法家思想，以严酷的法刑统治百姓。为加强思想控制，秦朝不仅“焚书坑儒”，还对藏有儒家经典的人治罪，儒家经典几乎消失殆尽，诸子百家之间的争鸣论战也归于沉寂。

两汉时期，儒、道二家广泛吸收诸子百家中的优秀思想，并根据当时的社会现实对自身理论进行创造性改造，初步确立了两家作为中国传统文化代表学派的地位。到了汉代，在总结秦亡教训的基础上，汉初统治者开始推行黄老道家，实行“与民休息”的政策。但此时的道家也并非老庄时期的道家，而是糅合了儒、墨、法、名等各家之长的道家。汉初，淮南王刘安召集门客撰写了《淮南子》一书，该书共二十篇，围绕“帝王之道”展开，将道家“无为而治”的治术与以儒、墨、名、法等为代表的百家之学的精髓进行了深层次的融合，在互补中实现自身的“道治”。《淮南子》以道家思想为主，同时大量引用、借鉴“六经”等儒家内容。法家思想重法、重权势、讲法术的精髓在《淮南子·主术训》中也得以集中体现。《淮南子·地形训》则包含了“木胜土，土胜水，水胜火，火胜金，金胜木”等阴阳家的思想；虽然墨家在战国末期开始消沉，但直到西汉，其社会影响仍然存在。《淮南子》中关于墨子言行事迹的记述有二十四条，墨子的“节用”“节葬”“尚贤”等政治思想在《淮南子》中也多有体现。

汉初，在秦代遭到重创的儒家思想开始逐渐复苏，并开始影响上层统治阶级。虽然汉代开国皇帝汉高祖刘邦鄙视儒生，在打天下时，甚至拿儒生帽当尿壶，但在儒家学者长期不懈的努力下，他对儒家的态度也在逐步发生变化。例如，大臣陆贾常在高祖面前称道儒家的《诗》《书》，他甚是反感，声称：“我的天下是在马上得到的，这些书有什么用？”陆贾答道：“能在马上得天下，难道也能在马上治理天下？商汤、周武王也是以武力夺取天下，但是以文治理国家，文武并用，才能实现国家的长治久安。”高祖点头称是。不仅如此，高祖还通过儒生叔孙通制定汉代的礼仪制度，从而享受到作为天子的尊贵。汉代真正将儒家思想推到顶峰的人是董仲舒。为适应当时政治上“大一统”的社会现实，董仲舒对儒学进行了创造性改造。董仲舒的天并非先秦儒家所谓的“道德之天”或“自然之天”，而是借鉴墨家学说中的“意志之天”，人可以通过自己的作为趋吉避凶。董仲舒还从阴阳学家那里借鉴了阴阳五行学说，并将之运用到人类社会的各个领域，变成君臣、父子之间的秩序。董仲舒援法入儒，以“仁义”教化为根本，以“刑罚”为辅助手段，指出“天道之大者在阴阳。阳为德，阴为刑；刑主杀而德主生。是故阳常居大夏，而以生育养长为事；阴常居大冬，而积于空虚不用之处。以此见天之任德不任刑也”(《汉书·董仲舒传》)。董仲舒借鉴道家的“人法地，地法天，天法道，道法自然”的思想，并将之创造性改造，提出君主应效法天道，实行无为而治，通过百官去治理国家，“为人君者居无为之位，行不言之教。寂而无声，静而无形，执一无端，为国源泉”(《春秋繁露·保位权》)。先秦儒学经过董仲舒的改造，同时吸收道、法、墨、阴阳等诸家学说中对己有用的成分，在汉武帝“罢黜百家，独尊儒术”的支持下，最终形成了中国统一文化的基石。汉代统治者确立的外儒内法的统治格局基本延续到清代。

魏晋时期，玄学兴起。玄学得名于“三玄”，即《周易》《老子》《庄子》这三部儒家和道家的基本经典。魏晋玄学把儒家的政治伦理和道家的哲学观念相融合，初步形成了中国传统思想史上儒道并立、互补融合的局面。

三、儒、道、佛三家共进与互融

两汉之际，佛教传入中国。魏晋时期，佛教凭借道术逐步取得统治者的支持，得以迅速发展，势力不断壮大，并迎来传播史上的第一个小高潮。南北朝时期是佛教在中国的全面传播时期，佛教获得独立地位并向社会各个阶层普及。此时的道教在寇谦之、陆修静等人的改造下，逐渐适应帝王和统治阶层的需求，获得官方承认和支持，成为正统宗教。

隋唐时期，佛教发展达到鼎盛时期，形成众多民族化的佛教宗派。随着俗讲的盛行，佛教在民间广泛传播。此时的道教也得到长足发展。李唐王朝奉老子为皇室先祖，在全国各地广建老子庙，命各地铸老子像，将先秦道家著作纳入科举考试的内容，并尊道教为国教，这些举措使道教获得前所未有的尊崇。

儒、道、佛三家各成体系，在立足本家核心思想体系的前提下，皆吸收融合另外两家思想，充实自己。儒、道、佛在冲突中融合，在融合中发展，成为汉代以后中国思想文化发展的重要内容。

据相关史书记载，佛、道之间影响较大的辩法大约发生了 14 次。如佛教史上的三武一宗之厄，皆有道士参与其中。除了义理和权势之争，佛、道双方还编造了一些拙劣的虚假文献，彼此攻击。西晋道士王浮编造《老子化胡经》，宣扬老子为佛教宗师、释迦牟尼为老子弟子。东晋和尚支遁著伪经《释迦文佛像赞》，把道家老子、庄子说成是释迦牟尼的玄孙与曾孙。

佛、儒之间的冲突则最早表现在佛教的出世、出家制度与儒家的忠孝观的冲突上。佛教的剃须发、不娶妻、不敬养父母与儒家的“身体发肤，受之父母，不敢毁伤”(《孝经》)、“不孝有三，无后为大”(《孟子·离娄上》)、“孝弟也者，其为人之本与”(《论语·学而》)等孝道观发生了矛盾冲突，遭到了儒家的激烈抨击。佛教强调出世，不理民生、不问民事、不敬王者等又和儒家“乐以天下、忧以天下”《孟子·梁惠王下》的入世情怀及“君君、臣臣、父父、子子”(《论语·颜渊》)的伦理纲常相矛盾。儒、佛之间的争论还反映在神的存灭、因果报应等问题上。

儒、道、佛之间的渗透融合，既集中体现在儒、道思想对佛教思想的渗入，也体现在佛教对道教与儒家的影响上。

作为外来宗教，在其传播过程中，面对的阻力是不言而喻的。消除阻力，解决冲突的方法往往是佛教自身的革新。这种革新的过程，也是对本土的儒、道思想的消化与接纳。南北朝时期出现的比较重要的佛教经典《提谓波利经》以佛陀为在家居士讲授五戒、持斋为主。该经融入儒家伦理，将佛教的五戒（不杀生、不偷盗、不邪淫、不妄语、不饮酒）与儒家的五常（仁、义、礼、智、信）相配对；同时吸纳道家思想，将“道”与“五戒”、“持斋”与“增寿益算”相联。隋唐时期，以天台宗、华严宗和禅宗为代表的中国佛教的三大宗派的出现，也是佛教融合与吸收儒、道思想的体现。天台宗不仅调和止观学说与儒家人性论，三祖南岳慧思禅师还吸收道教长生不死的神仙思想，借助服食金丹之术治病济众，修禅求定。禅宗融通儒家性善论，创造了以“明心见性、顿悟成佛”为主要特征的简易修行方式，主张通过“顿悟”，识得人心中本有的善性，便可“见性成佛”。禅宗又和庄子的思想在许多方面非常接近，如“心斋”“坐忘”等，尤其是唐代中后期对庄子“忘掉物我”的思想进行融通借鉴，因而史书上多以庄禅并称。在唐朝，还出现了一批讲孝道的佛经，如《父母恩重经》，敦煌变文残卷中也有《目连救母变文》《二十四孝押座文》《孝子传》等。历史上也出现了践行孝道的孝子和尚，有乞食养母的后周佛徒道丕，织蒲鞋养母的唐代僧人陈蒲鞋，明末肩挑老母、远游四方的自成和尚刘宝藏等。此外，具有儒学情怀的佛教学者也极大地促进了佛教吸收、融合儒家思想。

佛教对道教的影响主要体现在理论的构建、经典的整理、戒律的制定，以及神谱的创建、神像的供奉等方面。东晋以前佛教对道教影响小，晋代葛洪的《抱朴子·内篇》几乎未见佛教影响的影子，南朝陶弘景整理编撰的道教上清派的重要典籍《真诰》开道教吸取佛教经义的先例，书中地狱托生之说，以及“人为道亦苦，不为道亦苦，惟人自生至老，自老至病，护身至死，其苦无量”等观念皆来源于佛教，正如朱熹所说：“道书中有《真诰》，末后有《道授篇》，却是窃《四十二章经》之意为之。”（《朱子语类·释氏》）此后陆续出现的新的道教经典，或吸收佛教思想，或发挥佛教内容，或照搬佛经术语，皆或隐或现地保留着佛教影响的痕迹。如《灵宝经》吸收佛经，融合改造佛教的因果报应、轮回说。佛教徒大力推崇达摩面壁，将之视作“觉悟万物无别、回归万法真相”的禅观法门，道教徒进一步发挥，指出达摩之所以能够不饮不食、安坐九年是因为“达摩得胎息之法”，甚至有道徒托达摩之名作《达摩胎息经》。南北朝时期，随着道教的发展和道教经典的增多，道教开始效仿佛教，搜集整理经典。刘宋时道士陆修静在宋明帝的支持下，大规模搜集道经，编成《三洞经书》，并确立了道书的“三洞四辅”分类法。道教的“三戒”“五戒”“八戒”等戒律多取自佛教。道教起初供奉的神灵仅有神位或壁画，后效仿佛教，造道观供奉神像、组建神谱。

佛教对儒家的影响主要体现在对士大夫阶层的影响上。与佛、道思想相比，儒学在行动上和思辨上略显薄弱，唐代中后期，韩愈与李翱打着“排佛”的旗号，开了“援佛入儒”的先河。二人借鉴佛教的法统观念和心性学说，并将之创造性改造，提出了儒家的道统说和复性论。韩愈《五原》虽然以佛老为主要抨击对象，但亦受佛教禅宗宗系所载历代佛祖一脉相承的启发，提出了“斯吾所谓道也，非向所谓老与佛之道也。尧以是传之舜，舜以是传之禹，禹以是传之汤，汤以是传之文、武、周公，文、武、周公传之孔子，孔子传之孟轲”的道统说。李翱的复性说受佛教禅宗影响较大。据载，李翱在朗州任刺史时曾慕名拜访治下药山惟俨禅师，到了药山见禅师正执经在手诵读，李翱恭恭敬敬地问候，但惟俨禅师却只顾看经书，没有理睬他。李翱很不高兴，就说：“见面不如闻名。”禅师反问：“你为什么要那么看重耳听，而不重视眼睛呢？”李翱连忙拜谢，并请教何为道。大师用手指指天，又指指地，然后问李翱是否明白。李翱茫然无所答，于是大师进一步指点说：“云在青天，水在瓶！”李翱闻言悟道，并作诗纪念：“练得身形似鹤形，千株松下两函经。我来问道无余说，云在青天水在瓶。”（《赠药山高僧惟俨》其一）李翱受佛教“见性成佛”即将“人性作为成佛之因”的影响，将人性作为成儒家圣人的依据。他在《复性书》的开篇提出“人之所以为圣人者，性也；人之所以惑其性者，情也”，复性的途径是“方静之时，知心无思者，是斋戒也。知本无有思，动静皆离，寂然不动者，是至诚也”。这显然是借鉴了禅宗的“静虑”。李翱借鉴佛教的理论方法充实儒家思想，为儒家思想注入了新鲜血液，为宋明理学的诞生做了铺垫和准备。

儒家学者不仅在思想上借鉴佛教思想，援佛入儒，在信仰上也多倾向于佛教，喜欢和佛僧交往。文人与士大夫喜和佛僧交游，自魏晋以降是历朝历代的普遍现象。尤其是隋唐时期，士大夫谈禅、参禅、与禅师唱答成为一种时尚。唐初，士大夫崇佛风气兴盛，朝臣褚亮、虞世南、杜正伦等信仰佛教。文人学士如柳宗元、刘禹锡、王维等皆好佛，热衷和僧人交游。柳宗元在《送文畅上人登五台遂游河朔序》中提倡以儒为主，“统合儒释”，并承认自己长时间好佛，“吾自幼好佛，求其道，积三十年”（《送巽上人赴中丞叔父召序》）。刘禹锡甚至宣称自己为官二十年，百无一得，“惟出世间法可尽心耳”（《送僧元嵩南游（并引）》）。中晚唐时期，不少仕途受挫的儒生如徐陵、梁肃、马亮等人，遁入空门，做了禅僧。著名诗人白居易也因官场屡次受挫而栖心空门，“常日日焚香佛前，稽首发愿，愿当来世，与一切众生，同弥勒上生，随慈氏下降，生生劫劫与慈氏俱，永离生死流，终成无上道”（《画弥勒上生帧记》）。

五代十国时期，朝代更替频繁，战乱不断，佛教屡次遭受打击和抑制，呈现式微的趋势。乱世中，传统道教亦呈衰落之象，不少道士归隐山林，入山修道。

宋代时，儒、道、佛三家合流、同归于善的趋势更加凸显。宋代统治者在对待佛、道两教上，基本保持理性，没有出现过激行为或过度尊崇某一宗教的现象。虽然宋代历代帝王大都崇奉道教，但也能够较为公正地对待佛教，佛、道在宋代都有一定发展。

道教在宋代开始进入发展变革的新阶段。道教各教派顺应三教融合的大势，倡导三教同源，极力融合佛家和儒家思想。宋代道教受佛教禅宗思想影响显著，尤其是全真道将道家内丹与禅宗相融合，倡导明心见性，性命双修。宋代众多关于吕洞宾的神仙传说，多是神灵现身，救助世人的故事，亦表明道教的神仙思想开始从出世向入世转化。

宋代佛教在道教和儒家思想影响下，在经义、教规、修行方式等方面日益凸显世俗化的倾向，更注重用通俗化语言解读、宣传佛教教义，在伦理道德方面主动向儒家思想靠近，提倡在家修行。北宋高僧契嵩以儒家《孝经》阐释佛家孝意，将儒、道思想的融合提升到一个新的高度。

宋代时，程朱理学开始兴起。程朱理学是儒、道、佛长期争论和融合的产物，以儒学为主，兼容道、佛思想。二程（程颢、程颐）是程朱理学的开创者，吸收佛教中禅宗和华严宗的本体论和心性论，对儒学进行改造和创新。朱熹是程朱理学的集大成者，将二程关于理气关系的学说进一步扩大完善，并以儒家为主，借鉴佛、道思想，形成了涵括人生、社会、自然在内的一整套完整的理学体系。程朱理学在南宋时逐渐兴盛，并成为中国思想领域的执牛耳者，朱熹对儒家经典的注解被指定为官学教材。

元代以藏传佛教为国教，实行宗教宽容政策，汉传佛教和道教的各教派都能够得到较为公正的对待。虽然程朱理学在南宋开始兴盛，但直到元代才正式确立了官学地位。

明代时，以理学为代表的儒学强势回归，重新获得官方独尊地位。以儒家为主体、儒、道、佛同归于善的思想文化格局最终形成，并延续至清代。明代统治者特别推崇程朱理学，尤其是太祖朱元璋、成祖朱棣。清代早期帝王也都推崇程朱理学，康熙皇帝将之奉为官方统治思想。清代的科举考试内容以“四书”为主，注解以朱熹的《四书章句集注》为准。

明代统治者吸取元亡的教训，严格控制佛教的发展。虽然明代统治者推崇道教，但随着官爵世袭，道教的统领正一天师道日益腐化，在道法、道制方面没有大的建树。随着道教劝善书的普及，道教在民间广为流传。清代统治者对藏传佛教以利用、优待为主，试图通过喇嘛上层加强对西藏的统治，对汉传佛教则采取严格控制的政策。汉传佛教自身在义理上又难有建树，在济世度人上也无明显成效，颓败之势凸显。

儒、道、佛作为中国传统思想的重要组成部分，三家各有所长。儒家以治世见长，关注修身、治国；道家以治身著称，关注长生久视，肉体成仙；佛家以治心闻名，关注心灵的安定，宣扬诸行无常，涅槃寂静。在漫长的历史发展过程中，三家在保留各自核心思想的同时，或被迫、或自觉地吸收借鉴着其他两家的优秀思想，一起在社会生活中发挥着作用，共同构成了中华文明特有的精神风貌和思想智慧。纵观历代统治者推行的文化政策，在绝大多数时期也都是三家并用，尽管在不同时期，统治者对三家推崇的力度不同。

第三章

儒家思想

在外国人眼中，儒家思想常被当作中国文化的主体。在漫长的中国封建社会，虽然儒、道、佛并立互存，共同影响了中国人的思维方式和生活习惯，但是儒家思想在中国思想史上的核心地位是毋庸置疑的。儒学由孔子创立，起初仅仅是诸子百家之一，后历经孟子、荀子等人的发展，到战国中后期从诸子百家中脱颖而出，与墨家并称为显学。但是秦统一后，重用法家、重创儒家，于公元前 213 年和公元前 212 年分别实行“焚书”和“坑儒”政策，使得儒家思想在历史上第一次跌入了谷底。汉代儒学在董仲舒的不懈努力下，迎来了历史上第一个重大的辉煌，由一家之言、地域文化上升为中国古代的主流思想和全社会的道德规范。从魏晋到唐代，随着佛教的传入、道教的复兴，以及统治者对三教并立的扶持，在三教论争中，儒学失去了意识形态上的独尊地位，直到宋明之际理学兴起。宋明理学是儒、道、佛长期争论和融合的产物，以儒学为主，兼容道、佛思想，并以程朱理学和陆王心学的形态呈现。宋明理学重视对义理的阐释，是对隋唐以来逐渐走向衰落的儒学的一种强有力的复兴。儒学在清代从宋明的性理之学逐渐转变为考据之学。

第一节　儒家思想的形成与发展

一、先秦儒家

孔子被尊为儒家学派的创始人，“儒家”是孔子给自己的学派命的名吗？为什么其创立的学派被称为儒学？儒的本义又是什么？让我们带着这些问题回顾一下“儒家”的由来。

《说文解字》对儒的解释：“儒，柔也，术士之称。从人，需声。”古文字中没有“儒”字，按古文字发展的一般规律，因其字从“需”，章太炎推测其本字为需。西周金文有“需”字，其字形上为雨，下为天。在古文字中，天和大都是正面的人形，因而章太炎认为：“儒本求雨之师，故衍化为术士之称。”[①] 孔子曾告诫子夏：“女为君子儒，无为小人儒。”（《论

① 章太炎：《原儒》，载《国故论衡》，上海古籍出版社，2003，第104-107页。

语·雍也》）可见，儒先于孔子而存在。儒者在古代是以某种技艺为生者，包含了“巫师”的部分技能。儒家并非孔子自封，据郭沫若考证，“儒”本来是一种对下等人的鄙称，是墨家对孔子这一学派的称呼。孔子之后，儒之内涵发生了重大变化。

春秋战国时期是古代中国思想大解放、大飞跃的时期。当时，中国处于动乱时期，礼崩乐坏，诸侯征战不断，面对乱世动局，学者们纷纷提出自己的救世主张，从而形成百家争鸣的局面。也就是在这一背景下，孔子创立了儒家。孔子在教育思想上具有开放性与包容性，这就使得孔门弟子在理解孔子言教上存在分歧；加之孔子的思想极其丰富，弟子多执其一端而不得全貌，因而对孔子思想的阐发也存在区别，从而出现了孔子去世后，“儒分为八”（《韩非子·显学》）的现象。可见，儒家八派是先秦早期儒家对孔子思想的不同阐释与发挥。据韩非子记载，这八派分别是子张之儒、子思之儒、颜氏之儒、孟氏之儒、漆雕氏之儒、仲良氏之儒、孙氏之儒、乐正氏之儒。先秦早期儒家中传承、发扬孔子思想最为著名的是孟子和荀子。儒学经二人的发展，不断丰富和完善，成为在当时与墨家并称的显学。

（一）孔子其人及主要思想

孔子，名丘，字仲尼，春秋末年鲁国陬邑（今山东曲阜）

人，因父母祷于尼丘山而生，故以此为名。孔子的先祖为宋国贵族，为了逃避内乱，曾祖父孔防叔举家迁至鲁国，从此失去了贵族身份与地位。父亲叔梁纥为鲁国武士，以勇力闻名诸侯。孔子幼年丧父，家道中落，做过管理仓库的“委吏”和管理牛羊的“乘田”。孔子敏而好学，学无常师，最终成长为伟大的教育家和思想家。孔子主张述而不作，因而其思想多由弟子后学记录整理，编辑而成《论语》《孔子家语》等著作，这是孔子留给世人的宝贵财富。

孔子是中国古代伟大的教育家和思想家，被中国人尊为至圣先师、万世师表。由其创立的儒家学派对中国乃至世界都产生了重大影响。孔子诞辰换算成公历为九月二十八日，这一天山东曲阜会举行盛大的国家公祭孔子大典。孔子被联合国教科文组织评为“世界十大文化名人”之首。

孔子创立儒学，得益于天时、地利、人和三大因素。天时主要表现在：春秋正处于社会大变革时期；经济上，随着铁制工具和牛耕的普遍使用，井田制逐渐瓦解；政治上，周王室衰微，逐渐失去天下共主的地位，分封制崩溃，天下无道，礼坏乐崩，争霸战争和诸侯混战不断，社会动荡不安。地利主要体现在：孔子生在鲁国，鲁国是周公旦之子伯禽的封地，在当时是周代文物典籍、礼仪制度保存最好的地方。鲁昭公二年（前540年），晋大夫韩宣子访鲁，观书后赞叹“周礼尽在鲁矣”。

鲁太庙则是鲁国礼仪的中心，在这里经常举办祭祀周公和鲁国历代先祖的仪式。孔子小时候常常跑到太庙去，观看祭祀礼仪。受其影响，幼年孔子在与小朋友玩耍时，也常常模仿着大人的样子，摆上瓶罐作为礼器，演习礼仪。孔子的思想受周礼和周代文化影响至深。人和是孔子创立儒学最重要的因素。要形成学派，首先要有追随者和信奉者，孔子三十岁以后开始授徒讲学，倡导有教无类，凡是年满十五岁的人，只要带上一点“束脩”（十条干肉），就会被收为学生。通过授徒讲学，有一群志同道合的人围绕在他的周围，为儒学的创立提供了人的支撑。据说，“孔子弟子三千，贤者七十二”。

孔子借天时、凭地利、聚人和，加之个人勤勉自励，具备了“学而不厌，诲人不倦”“好古，敏以求之”的优秀品质，从而创立了儒家学派，成为中国文化的标志性人物。宋代的宰相赵普曾说，半部《论语》治天下。孔子的思想主要体现在《论语》中。今依《论语》，探求孔子思想的精髓。

1. 孔子的教育思想

孔子的首创之功，莫过于打破学在官府的局面，开私人讲学之风。纵观孔子的一生，其大部分时间都在从事传道、授业、解惑的教育工作。孔子的教育思想主要体现在有教无类和因材施教两个方面。

首先看有教无类，孔子说，“自行束脩以上，吾未尝无诲焉”（《论语·述而》）。束脩是学生拜师时送给老师的礼物，和我们今天的学费相似。从孔子有众多寒门弟子可知，向他拜师时的束脩是当时拜师礼中最轻微的，穷苦人家也能负担得起。可见，孔子收弟子不分贫富、智愚，凡有志于学，在缴纳很少的拜师礼后，都可以成为其教育的对象。

孔子的教育实践始终贯彻着因材施教的理念，这样的例子很多。据《论语·先进》记载，学生子路向孔子请教道：“只要听到符合义理的事情就去做，可以吗？”孔子回答说：“父亲和兄长尚在，怎么能不先请教他们就去做呢？”另外一个学生冉有也问了同一个问题，孔子说：“听到了就立刻去做。”两人交谈时，正好公西华都在场，于是问道：“先前仲由问，‘只要听到符合义理的事情就去做可以吗？’您回答，‘父亲和兄长尚在，怎么能不先请教他们就去做呢？’冉有问同一个问题，您却回答‘听到了就立刻去做’。我感到疑惑，所以想请教老师这是什么缘故呢？”孔子说：“冉求（冉有）这个人性格畏缩不前，所以我鼓励他进取；仲由则过于好勇，所以提醒他退让些。”孔子的教学内容是六艺，其顺序是礼、乐、射、御、书、数，包含“文、行、忠、信”四个基本方面，可见，孔子在教育上关注德智并举，文武兼备。

2. 孔子之仁

孔子思想以仁为核心，既注重述古，又关注阐新。《说文解字·人部》："仁，亲也。从人从二。"可见，仁的本义是人与人之间相互亲爱。"仁"这一概念是"古已有之"，并非孔子首创，但孔子的一个重要贡献就是将之系统化为完善的道德思想体系。儒家强调入世，关注人与人之间的关系，认为处理好这种关系，就是井然有序的理想世界。因而在孔子那里，仁被置于极高的位置，成为儒家学说的基石，孔学因而也被称为仁学。

既然仁对于孔学如此重要，那孔子之仁究竟是什么？让我们回归《论语》以窥其精。"仁"在《论语》中出现一百零九次，分见于五十八章。《论语》中明确记载学生请教何为仁的情境很多，如樊迟、颜渊、仲弓、司马牛、子贡等分别向孔子问"仁"。孔子分别以"爱人""克己复礼""出门如见大宾，使民如承大祭""仁者其言也讱""工欲善其事，必先利其器。居是邦也，事其大夫之贤者，友其士之仁者"作答。显然，孔子从未给"仁"下过明确的定义，而是根据学生的特点，就如何做到仁、实行仁给出了自己的看法。从孔子关于仁的众多论述可以看出，对于"仁"来说，核心就是爱人。据《论语》记载，孔子家的马厩着火被烧掉，孔子退朝回家发现后，首先问人有没有受伤，却不问马是否被烧着。孔子在教育学生时，也时刻不忘对他人的关注。《论语》还记载，有一天，颜渊和子路侍奉在孔子的身边，孔子说："你们何不谈谈自己的志向呢？”子路说：“我愿意拿出自己的车马、衣服和朋友共同使用，即使用坏了也不抱怨。”颜渊说：“我希望自己能做到不夸耀自己的长处，不表白自己的功劳。”子路说：“请老师也说说自己的志向吧。”孔子说：“希望老人能安度晚年，朋友们能相互信任，年轻的子弟能得到良好的教养。”（《论语·公冶长》）可见，孔子之爱是“泛爱众而亲仁”。

孔子重“仁”，不仅数次提到“仁”，而且还创造性地将“仁”提升到诸德之上，赋予仁全德的内涵。“仁者必有勇，勇者不必有仁。”（《论语·宪问》）“孔子曰：‘能行五者于天为仁矣。’‘请问之。’曰：‘恭、宽、信、敏、惠。恭则不悔，宽则得众，信则人任焉，敏则有功，惠则足以使人。”（《论语·阳货》）可见，儒家推崇的其他德目，如勇、恭、孝、忠、礼、敏等皆是仁之一体，是仁的践行。

既然仁者爱人，那如何能达到仁？孔子也给出了简单易行的方法。“己所不欲，勿施于人。”《（论语·颜渊》）“夫仁者，己欲立而立人，己欲达而达人。能近取譬，可谓仁之方也已。”（《论语·雍也》）孔子强调爱人如己，把爱己之心、成己之意扩展到爱他人、成就他人的行为，就是仁。对于人来说，他人首先是父母，对父母的孝顺自然而然就成了仁之始，所以儒家强调“立爱自亲始”（《礼记·祭义》），“孝弟也者，其为仁之本与”（《论语·学而》）。

从以养亲、敬亲为代表的孝出发，推而广之，将家庭伦理放大为社会伦理，扩充为对全社会的仁爱之心，实现“故人不独亲其亲，不独子其子。使老有所终，壮有所用，幼有所长，矜寡孤独废疾者，皆有所养”的“大道之行，天下为公”的大同社会。

3. 孔子之礼

孔子的礼是在周礼及前代礼的基础上经过重新整合而形成的，是述古与阐新的有机结合。孔子处在“礼崩乐坏”的春秋晚期，对“天下无道”的局面深恶痛绝，试图用自己的努力恢复礼的权威。孔子崇尚周礼，他的礼学思想主要建立在周礼的基础之上。在《论语》中孔子多次谈到自己对西周礼乐的向往。孔子说，“周监于二代，郁郁乎文哉，吾从周”（《论语·八佾》）。“周之德，其可谓至德也已矣”。（《论语·泰伯》）孔子尚周礼但不拘泥于周礼，强调“礼”要依时而变，因此他说：“殷因于夏礼，所损益，可知也；周因于殷礼，所损益，可知也。其或继周者，虽百世，可知也。”（《论语·为政》）

孔子受周公以德配天、以礼治国的影响，认为礼是治国之本，以礼乐教化为治国安邦的总体思路。孔子钟爱的学生颜渊向他请教治国之道，孔子就给他指出了具体办法：使用夏代的历法（方可做到不违农时），使用殷代的交通工具辂（方可实现节俭治国）；依周礼而治，追求尽善尽美的音乐（以教化百姓）（《论语·卫灵公》）。孔子不仅强调礼乐教化，更将德治与法治、道德教化与刑政的关系阐释得清楚明了。孔子认为，如果仅仅是通过行政命令来治理百姓，借助刑法来约束他们的行为，百姓只会因不想受到惩罚而不去犯罪，却不会感到羞耻；如果用道德治理百姓，并用礼仪规范他们的行为，百姓不仅会有羞耻之心，而且会心悦诚服。这就是孔子所谓的“道之以政，齐之以刑，民免而无耻；道之以德，齐之以礼，有耻且格”（《论语·为政》）。孔子不仅如是说，亦如此做。孔子在担任鲁国大司寇期间，有一对父子发生冲突，父亲找孔子告状，孔子把他们关在同一间牢房里三个月，也不判决。直到父亲主动撤诉，孔子才把他们都放了。当时鲁国的当权者季孙氏听到这件事，很不高兴地说：“司寇欺骗我啊，以前他告诉我，‘治理国家一定要以孝道为先’。我本来想要杀掉这个不孝的人来教导百姓，可他竟然赦免了他们，这是为什么呢？”冉有把季孙氏的话转告孔子，孔子叹息道：“唉！居上位者不依正道而行，只靠杀戮百姓进行统治，这是不正确的。没有用孝道教育百姓，却以孝的标准判决官司，这是滥杀无辜。正如军队打了败仗，不能斩杀士兵一样；诉讼案件不断发生，也不能依靠严刑峻法来制止。因为，居上位者没有对百姓进行礼乐的教化，罪不在百姓。”（《孔子家语·始诛》）孔子数次强调礼的重要性，提出“治国而无礼，譬犹瞽之无相与”，“礼之所兴，众之所治也；礼之所废，众之所乱也”（《礼记·仲尼燕居》）。意思是说，如果不用礼来治理国家，就像盲人没有人扶持，不知道要往哪里去。礼兴盛的地方，国家就会长治久安；礼废弛的地方，国家就会动荡不安。

孔子对“礼”的创新主要体现在依“仁”说“礼”，“仁”“礼”并提，突出“仁”和“礼”的关系。孔子强调“礼”是“仁”的外在表现形式，“礼节者，仁之貌也”（《孔子家语·儒行解》）。同时，突出仁的作用，指出仁是礼的灵魂，一个人如果不仁，礼的种种规定就会失去其意义。“人而不仁，如礼何？”（《论语·八佾》）

孔子重礼，首先体现在对礼的仪式、形式的遵守。古代把每个月的初一称为“朔”。按照《周礼》，每个月的初一国君都要到祖庙参加告朔，并要宰杀活羊作为祭品。当时，鲁国国君已经不再亲自到祖庙行“告朔”之礼，只是保留了杀只羊作贡品的仪式。孔子的弟子子贡认为，既然国君不亲自参加，该礼已经名存实亡了，那么也不用杀羊了。但是孔子极力反对，孔子说：“赐也！尔爱其羊，我爱其礼。”（《论语·八佾》）在孔子看来，如果连羊也省掉，那么告朔饩羊之礼就完全被废除了。

孔子重礼，更表现在对礼的内容及内在精神的追求。鲁国人林放向孔子请教礼的本质，孔子回答说，“礼，与其奢也，宁俭；丧，与其易也，宁戚”（《论语·八佾》）。意思是说，礼节仪式与其奢侈，不若节俭；丧祭之礼与其形式隆重，不如充满真切的哀敬之情。“为礼不敬，临丧不哀，吾何以观之哉！”（《论语·八佾》）如果行礼徒有形式，不能体现恭敬之情，这种礼也不是孔子所追求的。在礼的形式和内容相比较时，孔子更看重的是内容，是礼所体现的精神。

孔子重“礼”，强调行“礼”要符合实际，量力而行。颜渊是孔子挚爱的弟子，他的离世让孔子悲恸欲绝，仰天长叹道：“噫！天丧予！天丧予！”（《论语·先进》）不仅如此，孔子还为颜渊的死放声大哭。门人觉得老师哭得太过悲伤，于礼不符，于是纷纷劝解，孔子回答说，我哭得太过悲伤吗？不为这样的人悲痛，还为谁悲痛啊。孔子如此厚爱颜渊，却不同意厚葬他。颜渊的父亲颜路，因家境贫困无力厚葬其子，请求孔子卖掉车子给颜渊置办棺材外面的椁，遭到孔子的拒绝。孔子说，不论贤能与否，个人都有自己的儿子，我儿子孔鲤死的时候，也是有棺材而没有外面的椁。我不能为了厚葬颜渊而卖掉我的车步行，因为根据礼的规定，大夫是不能步行的。不仅如此，同窗好友想要凑钱厚葬颜渊，也遭到了孔子的反对。门人最终还是厚葬了颜渊，孔子听后，无奈地叹息说：“颜回（颜渊）也把我当作父亲看待，我也把他当作儿子对待。厚葬非我本心，是那些门人们背着我干的。”孔子反对厚葬颜渊也是出于他对礼的本质认识，“礼，与其奢也，宁俭；丧，与其易也，宁戚”（《论语·八佾》）。

（二）孟子其人及主要思想

孟子，名轲，邹国（今山东邹城）人。史料关于孟子的父母的记载非常少，根据相关文献推测，孟子幼年丧父，主要由母亲抚育成人。在儒学发展史上，孟子是承前启后的重要人物，地位仅次于孔子，被尊为亚圣。孟子的思想主要体现在《孟子》一书中。

孟子

1. 义利之辨

《孟子》首篇开宗明义，明辨义利，主张“王何必曰利？亦有仁义而已矣”（《孟子·梁惠王上》）。可见仁和义是孟子思想的核心。这里必须说明的是，孟子并非否定所有的利。孟子的义利观是对孔子义利观的继承和发展，孔子强调“义以为上”（《论语·阳货》）与“见利思义”（《论语·宪问》），主张把“义”而非“利”作为行为的最高标准。孟子对此做了进一步发挥，强调“惟义所在”（《孟子·离娄下》）。儒家在义利观上虽然重义轻利，但并不反对人们对正当利益的追求。孔子强调君主要关心百姓的整体利益，“因民之所利而利之”

(《论语·尧曰》)。孟子也反复重申“制民之产”“不违农时”(《孟子·梁惠王上》)的利民主张。显然,孟子反对的“利”是“善战”“连诸侯者”“辟草莱”“任土地”(《孟子·离娄上》)等不顾百姓死活的短期私利。他认为战火纷飞、民不聊生的惨状是君主爱好此“利”造成的,因而提出“王何必曰利?亦有仁义而已矣”。可见,孟子并非反对所有的“利”,而是强调物质利益的满足要限制在道德和正义的范围之内。

2. 孟子论性

儒家的创始人孔子并未从善、恶上谈论人性,仅提出了“性相近也,习相远也”(《论语·阳货》)。孟子则开创性地提出了著名的“性善论”学说。孟子的“性善论”可以概括为两个方面:一是人先天具备善端,因而“乃若其情,则可以为善矣”。二是后天的扩充非常重要,可以使人实现自己的善性。孟子认为,人性善具有先天性,普遍存在于所有人中。他指出每个人都有“四心”,即恻隐之心、羞恶之心、恭敬之心、是非之心。“四心”是仁义礼智的四端,四心之善具有普遍性和先天性,是每个人都先天具备和固有的,不是外来的。用孟子的话说,就是“恻隐之心,人皆有之;羞恶之心,人皆有之;恭敬之心,人皆有之;是非之心,人皆有之。……仁义礼智,非由外铄我也,我固有之也,弗思耳矣”(《孟子·告子上》)。为了证明人性善,孟子还举了“孺子将入于井”的例子。他说，在没有心理准备的情况下，如果突然看见小孩要跌到井里去了，任何人都会随即产生惊骇同情的心情。这种同情心是瞬间产生的，绝不是在考虑了要和孩子的父母攀交情之后，不是为了要在朋友和同乡中获得称赞，也不是担心被人扣上心肠狠毒的恶名。因而孟子认为这种“不忍人之心”完全是自然而发，不掺杂任何世俗利益的考虑。此处的“不忍人之心”就是人生来就具备的侧隐之心、羞恶之心、恭敬之心、是非之心。可见，善端是人先天的善性，而要实现人性善，则需要后天扩充四端、修养心性。孟子将人的身体器官分为大体和小体。眼睛和耳朵等器官不能思考，容易被外界事物所蒙蔽，是人的“小体”；而心是天赋予人的“大体”，具备思维的功能。人要不断扩充、发展固有的“四心”为仁、义、礼、智“四德”，才能不被外物蒙蔽而丧失人的本性，从而成为品德高尚的人。可见，孟子所谓的“人性善”是先天的“善端”和后天的“扩而充之”综合作用的结果。

3. 孟子论仁

孟子继承了孔子对“仁”的重视，将之更加系统化。在《孟子》中“仁”出现了一百五十八次，是《孟子》中出现频率最高的字，在孟子思想中占据重要地位。孟子对孔子的“仁”的思想，既有继承，更有发展。孟子“仁”的观念更加系统化，包含由近及远的三个层次：亲亲、仁民、爱物。在孟子看来，亲亲是仁的第一个层次，不仅在时间上居先，表达的感情色彩也最强烈。“仁”首先表现为亲亲、事亲，不遗其亲。孟子强调“仁之实，事亲是也”(《孟子·离娄上》)。意思是说，仁的最重要的内容就是侍奉父母。人来到世界上，得到的第一份爱首先来自父母，是父母的舐犊情深、养育之恩，同样，即使两三岁的孩子也都知道爱自己的父母，长大后也能对父母尽敬顺之义，担赡养之责。可见，父子之情无论在顺序上还是在表达的爱的程度上都在“仁”中居于第一位。孟子将对父母亲族的自发、依恋的情感，称为亲亲；将自觉地推己及人的爱的实践普施于血缘亲族之外的其他人看作仁民。亲亲容易，仁民难，因为爱自己的亲人是自然情感的萌发，无须经过特殊培训，甚至两三岁的幼儿都知道亲爱、依恋自己的父母，但是爱他人则需要道德修养的功夫。那如何实现仁民？孟子也给出了他的方法：“仁者以其所爱及其所不爱。”(《孟子·尽心下》)即将爱亲人之心，推而广之，“老吾老以及人之老，幼吾幼以及人之幼”，从而实现爱天下之人。“仁民”在政治上具体化为“仁政”，是居上位者践行“仁民”之爱的内容。孟子的仁政建立在井田制的基础之上，包含养民、富民、教民三大内容。孟子认为井田制是“制民恒产”和“取于民有制”的基础。所谓“恒产”，就是让百姓有固定的产业收入，可以赡养父母，抚养妻儿。孟子并不反对为了维持国家的正常运转而向百姓征收赋税，他强调取之有度，反对横征暴敛。而这两点又是实现养民、富民、教民的前提。“爱物”是孟子“仁”的内涵的第三个层次。当前有不少学者从西方现代的环保思想入手解读孟子的“爱物”的内涵，认为孟子以是否猎杀动物作为善（仁）的标准。回归《孟子》文本可知，在对物的态度上，孟子从未明确反对过、批判过杀生，而是强调对物要养之以时，取之有度，用之有节，使物为人所用，成为仁政的基础。“鸡豚狗彘之畜，无失其时，七十者可以食肉矣。”“不违农时，谷不可胜食也；数罟不入洿池，鱼鳖不可胜食也；斧斤以时入山林，材木不可胜用也。谷与鱼鳖不可胜食，材木不可胜用，是使民养生丧死无憾也。养生丧死无憾，王道之始也。”（《孟子·梁惠王上》）可见，孟子之爱物，实为经过推恩而实现的对物的爱惜、节俭的态度，是对孔子“钓而不纲，弋不射宿”（《论语·述而》）的继承和发展，亦是朱熹所理解的“取之有时，用之有节”（《四书章句集注·孟子集注》）。

4. 孟子谈义

《孟子》中谈到“义”一百零八次，孟子对“义”的强调与当时的社会环境密不可分。他生活在社会大变革时期，战争频繁、政治黑暗、人民生活痛苦不堪，而当时的统治者却目光短浅，只求近利、私欲，远离大义、公义，故《孟子》一书把义利之辨放在第一章，目的是通过明仁义、去私利，以正君心。那“义”究竟是什么？“义者，宜也”（《礼记·中庸》）表明，“义”的最基本含义就是做适宜的事情。究竟什么样的事情才算适宜？适宜的标准是什么？孟子对“义”的论述可以给我们些许启示。复旦大学杨泽波教授根据“义”的复合词“理义”“礼义”“仁义”，将“义”的内涵界定为“符合正确的道理和规律”“符合礼仪”“符合道德”。[①] 孟子将“义”作为言行举止的行为准则，认为“大人者，言不必信，行不必果，惟义所在”（《孟子·离娄下》）。“言信，行果”是一般要求，但如果和“义”发生矛盾，就应当采取权变策略，舍弃信、果，把是否符合义作为一切行为的准则。

孟子通常仁义并举，但也明确了二者的区别。“仁之实，事亲是也；义之实，从兄是也。”（《孟子·离娄上》）仁的本质是侍奉父母双亲，义的本质是顺从兄长。显然，“义”的第一层含义就是尊敬、顺从兄长。将家庭伦理的从兄进一步推广到人际关系中和别人的相处，便有了“义”的第二层含义，“敬长，义也”（《孟子·尽心上》）。将敬长之心落实到政治实践中，便有了义的第三层含义，“君臣有义”（《孟子·滕文公上》）。这三层含义共同构成了“义”关于人伦的总体要求。

① 参见杨泽波：《孟子评传》，南京大学出版社，1998，第227～229页。

关于仁和义的关系，孟子和告子曾经有过精彩而激烈的辩论。告子认为：“仁是人内在的、固有的东西，不是外来的；而义是外在的，不是人心所固有的。”孟子问道：“可否解释下，你为什么说仁发自内心，义是外来的呢？”告子答曰：“假如这儿有个老人，我因为他年纪大去尊敬他，显然，尊敬之心是因为他（年龄大）而起，并不是因我内心而起。这好比有个东西本身是白色的，所以我认为它是白的，这是由它本身的白引起的，所以说白和义相类似，都是外来的。”孟子反驳道：“义和白不同。不管是白马还是白人，白都是一样的。但人们对老马的怜悯和对长者的恭敬心，难道也一样吗？而且，您是称赞长者的义，还是赞许尊敬长者的人义呢？”告子被反驳后，另寻论据说：“我爱我的弟弟，但不爱秦国人的弟弟。这是就我内心而言，因此我认为爱是内在的。我把楚国的老人当作长者尊敬，以及把我家里的老人当作长者尊敬，是以他们的年龄为依据，所以我认为义是外在的。”孟子反问道：“如果照你这一逻辑，就烤肉来说，喜欢吃秦国人的烤肉，与喜欢吃自己国家的烤肉没有什么不同，那么，喜欢吃烤肉的心也是外来的吗？”如果喜欢吃烤肉的心也是外来的，必将会和告子的“食色，性也”相矛盾。

5. 孟子讲礼

孟子虽重仁义，但亦强调“礼”。不过和孔子相比，他对礼的态度，更强调变通的一面。孟子和齐国大臣淳于髡曾经对礼中“男女授受不亲”的规定进行过讨论。淳于髡首先发问：“根据礼的规定，男女之间是不是不能亲自传递东西？”孟子回答说：“是礼的规定。”淳于髡接着发问：“那么，如果嫂子掉进水里，你会用手去施救吗？”孟子回答说：“如果眼睁睁看着嫂子掉进水里，却不施以援手，这和豺狼又有什么区别。虽然礼规定了男女之间通常情况下不能亲自传递物品，但是遇到嫂子不小心掉入水里这一特殊情况，肯定要用手去救她，守礼要懂得变通。”可见，孟子对礼的态度是一般情况下依礼而行，遇到特殊情况要知道变通，以便更好地守礼。

孔子对礼的形式和内容皆看重，而孟子更强调礼内含的尊敬之意。礼仪之所以重要，在于它包含了敬贤尊长等道德观念，有助于人们形成高尚的情操。但对于那些有礼之名而无礼之实的“非礼之礼”，君子既不认可，也不屑接受。孟子的“礼仪”观在“恭敬而无实，君子不可虚拘”（《孟子·尽心上》）中体现得尤为明显。孟子认为，仅仅供养一个人，却无爱惜之意，这和养猪没有什么区别；仅仅喜欢一个人，却没有丝毫敬重之心，这和豢养牲口没有什么区别；恭敬的心是在没有送上礼物之前就应该具备的，如果只有恭敬（礼）的形式，而没有发自内心的真实的恭敬，君子是不会被这种虚空的形式所束缚的。

（三）荀子其人及主要思想

荀子，名况，战国末期赵国人。荀子五十岁时游学齐国，曾担任稷下学宫的祭酒（校长），并做过楚国的兰陵令。荀子通常被称为“先秦时期最后的儒家”，其思想主要集中在后人整理的《荀子》一书中。荀子的思想以“性恶论”、礼治论和天人相分为世人所瞩目。

荀子

1. 荀子论性

人性问题，是先秦儒家比较关注的问题。孔子并没有给出性的善恶归属，而是强调后天“习”的重要性。孟子承续了孔子思想，在与当时流行的人性说论辩中，高扬“性善论”的旗帜，并以此为基石，形成了完善的道德修养论和仁政德治的治国理念。荀子关于人性的论证与孟子不同，那就是“性恶论”，即“人之性恶，其善者伪也”（《荀子·性恶》）。他认为，“不可学、不可事而在人者谓之性，可学而能、可事而成之在人者谓之伪，是性、伪之分也”。显然，荀子认为性的特征是自然而然，无须外学的。而善呢，则是通过外在学习而得到的，是人为而非自然的东西。接着，荀子借用浅显易懂的比喻明确了二者的不同：人饿了就想吃东西，冷了就想求暖和，累了就想休息，这都是人性；在长辈面前，为了表示谦让却不肯先吃；累了，看见长辈在而不敢要求休息，这些都是“伪”。这些所谓的善都是伪，是后天教化、培育产生的，因而人性恶显而易见。荀子是从情欲与本能等动物性的层面来说人性的。他说如果顺从人性的恶，则会产生极大的危害。如果顺从人的好利之性，就会丧失辞让，造成彼此争夺战乱不休；如果顺从人的妒忌憎恨的心理，就会丧失忠、信等良好品德；如果顺从人生来就具备的耳目之欲望，喜欢听好的声音、看美色，就会丧失礼义法度而产生淫荡混乱。因而如果放纵人的本性，依顺人的情欲，必定会导致争夺，扰乱礼义法度而走向暴乱。

2. 礼治论

在治国思想上，孟子主张仁政，荀子则主张礼治。荀子基于人性恶的考虑，提出了礼的起源，即矫正与教化人类的性情。《荀子》一书共有三百四十二个“礼”字，仅从“礼”字出现的次数，足可见荀子对礼的重视。荀子对礼的论述非常全面，涉及礼的起源、内涵、原则及作用等诸多方面。荀子认为礼对人非常重要，是人安身立命的准则，是“人之所履”。不仅如此，荀子还将“礼”上升到国家治理的层面，他宣称“国无礼则不正”(《荀子·王霸》)。为了方便人们了解礼在治理国家上的重要性，他还将之与绳墨、规矩等度量工具类比，这实际上是将“礼”提高到了作为评价国家运行正常与否的价值标准。他说，礼在国家治理上的重要性，就像秤杆可以称物体的轻重、绳墨可以检测物体的曲直、规矩可以衡量物体的方圆一样重要。荀子的“礼治”是针对战国后期政治混乱的社会现实而发，强调通过“分”而实现“治”，包含了鲜明的秩序建构的特色。荀子认为人类社会的群体关系需要“分”来维护，“人何以能群？曰：分。……分则和，和则一”。要实现合理的“分”则需要礼作为依据，显然这是在强调用礼推行等级制度用以治理国家和社会。荀子受法家思想的影响，出于对人性恶的认识，还将法提升到了重要的位置。正如他在《荀子·王制》中所说：“以善至者待之以礼，以不善至者待之以刑。”也就是说，君主在听政处理政务的时候，对于带有善意的人以礼相待，对于心怀不轨的人以法相处。可见，荀子礼治的理性模式是“修礼以齐朝，正法以齐官，平政以齐民”(《荀子·富国》)，即修订礼制治理朝堂，用公正的法律治理百官，用公平的政策来治理民众。

3. 天人相分

荀子关于天人关系的认识和孔孟不同。如果说在孔子那里，天还有道德之天和自然之天的双重含义；到了孟子那里，则发展为道德之天、义理之天。孟子最早开创了尽心、知性、知天的天人合一的天人观。在荀子那里，更多的是继承孔子的自然之天及道家的天道自然观，从而形成自身的天人相分观。荀子认为“天行有常，不为尧存，不为桀亡”，“天不为人之恶寒也辍冬，地不为人之恶辽远也辍广”。可见，荀子认为，天有其自身规律，不会因为尧是圣王就存在，也不会因为桀无道而灭亡。同样，天地也不以人的好恶而改变自身的运行规律。天人各行其道，各履其职，人世间的吉凶、祸福、治乱、兴亡都与天无关。《荀子·天论》曾记载，某天，人们在夜晚偶然发现天空中有星星坠落，不久又发现一棵百年老树竟然能发出“呜呜”的声音，人们觉得非常害怕，认为这是天降异象，将会有灾难发生。有人匆忙向荀子请教，荀子坦然回答：“这有什么啊，这些都是天地阴阳的正常变化，因为发生的次数少，偶然发现感觉奇怪正常，但是如果害怕，大可不必。大树长老了，易形成空心树，风吹过必然有响声；星星坠落，那是流星滑落，这些都是正常现象，因为不常发生，所以人们会觉得奇怪。”

在春秋战国乱世，以孔子为代表的先秦儒家具有强烈的现实关怀和社会责任感，试图为战乱纷争的国家创立一套理想、合理的社会秩序。孔子试图挽救礼崩乐坏的春秋政局，游说诸侯，试图恢复周礼规定的秩序，推销他的“道之以德，齐之以礼”的德治主张。作为道德先师，孔子提倡仁、义、礼、智、信等伦理道德，并塑造了儒家的理想人格——君子。孔子所倡导的道德和君子的观念逐渐融入中国文化，成为中国人修身养性的标尺。不仅如此，孔子在教育、文学、史学等方面多有首创之功。他打破“学在官府”的垄断局面，提倡有教无类，为平民受教育提供了机会；他首开私人著史之先河，编成我国第一部编年体史书《春秋》；他修《诗》《书》，订《礼》《乐》，序《周易》，后来《乐》经亡佚，《诗》《书》《礼》《易》《春秋》合称“五经”，这些典籍囊括了上古典籍的精华，成为后世儒家最基本的经典，丰富了中国传统文化的宝库。孟子和荀子从不同方面继承并发挥了孔子的思想。孟子的思想主要围绕治世、修身展开。他首倡人性善，并以此为基础提出了仁政王道的政治主张。荀子与孟子相反，他倡导人性恶，主张以礼治国，并将法纳入礼治的范畴。以孔子、孟子、荀子为代表的先秦儒家，从自身所处的时代出发，根据自己对儒家思想的理解，提出了各自的政治主张，虽在当时并没有被忙于争霸的诸侯所采纳，却为以后中国数千年的君主专制制度制定了完善的规则和坚实的理论依据，塑造了中国礼仪之邦的国家风貌和中国人重德行、贵礼仪的民族特征。在先秦儒家的努力下，儒家在战国中后期从诸子百家中脱颖而出，和墨家并称为显学。但是秦统一后，秦始皇采纳法家的思想治理国家，并于公元前213年和公元前212年分别实行“焚书”和“坑儒”政策，使得儒家思想在历史上第一次跌入了谷底。

二、汉代儒学

汉初统治者喜好黄老之学，儒家并未受到重视。汉代，最有名的儒家代表人物当属董仲舒。正如班固所言，“景、武之世，董仲舒治《公羊春秋》，始推阴阳，为儒者宗”（《汉书·五行志上》）。在董仲舒的不懈努力下，儒学迎来了历史上第一个辉煌，也是最大的辉煌：由一家之言、地域文化上升为中国古代的主流思想和全社会的道德规范。不过董仲舒倡导的儒家已经和先秦儒家有了很大的不同，其思想已经融合了墨家、道家、法家、阴阳家等学派的思想，为儒家思想的发展注入了新鲜的血液。

董仲舒

（一）董仲舒其人

董仲舒，西汉著名思想家，广川（今河北省景县）人。董仲舒专治《春秋公羊传》，并在汉景帝时，成为官方讲授儒家经典的学官

（博士）。公元前140年，以“天人三策”被汉武帝惊为天人，名声大噪。其所倡导的“罢黜百家，独尊儒术”得到汉武帝的认可，并成为国策得以贯彻执行，但终其一生并未受到汉武帝的重用，仅担任江都易王刘非的国相十年，胶西王刘端的国相四年。

（二）董仲舒对儒学的贡献

1. 广收门徒，传道授业，为儒学复兴奠定人才基础

董仲舒凭借自身努力，成为博士之后，名声也越来越大，慕名求学者纷至沓来。董仲舒在教学和治学上相当严谨，心无旁骛，以“三年不窥园中菜”的勤勉言传身教，为儒家培养了大批人才。据史书记载，董仲舒“下帷讲诵，弟子传以久次相受业，或莫见其面，盖三年董仲舒不观于舍园，其精如此。进退容止，非礼不行，学士皆师尊之”（《史记·儒林列传》）。董仲舒不仅勤勉治学，还首创了一种新的教育方式，即让学习时间长、学艺精的学生，教导那些初来受业或学习能力差的学生，这种培养方法比19世纪英国人创立的“导生制”早了两千多年。

2. 以“天人三策”获武帝赏识，为“独尊儒术”争取政策支持

汉武帝登基后踌躇满志，意欲大有作为。建元元年（前140年），武帝下诏丞相、御史等诸大臣选拔“贤良文学”之

士，他亲自考试，提出问题，让那些“贤良文学”们回答。董仲舒即在应考之列。武帝前后提问三次。第一次是关于王权合理性的问题，“三代受命，其符安在？”意思是，夏商周的统治是受命于天，那天命又体现在哪些祥瑞上呢？董仲舒认为，王权是“必有非人力所能致而自至者，此受命之符也”。即王权源于神权、天命，只有得到天命的认可，才具备合理性。天命的认可又是通过祥瑞表现出来的。就像武王讨伐纣王的时候，一条白鱼跃入周武王舟中，这就是天命对武王伐纣的认可。以此为基础，董仲舒进一步指出，天命、祥瑞并非无迹可寻，而是有一个终极依据，“天下之人同心归之，若归父母”。在此处应答中，他将君权神化，同时又将天人合一思想表述出来。第二次是“灾异之变，何缘而起？”对于水旱灾害等自然现象，董仲舒也从天人感应的角度给出了独到见解：“国家将有失道之败，而天乃先出灾害以谴告之，不知自省，又出怪异以警惧之，尚不知变，而伤败乃至。”董仲舒认为，自然灾害和天降祥瑞一样，都显示上天的意志，不过它们是“谴告”，即用灾害、怪异现象予以警告；如果君主不思悔改，上天就会另寻明君，改朝换代。第三次是“性命之情，或夭或寿，或仁或鄙，习闻其号，未烛厥理”。这次的提问关注的是人性的问题，即同为人，为什么寿命不同、境遇各异？董仲舒认为人出现不同的品性和统治者有密切关系。如果君王施行仁政，爱护百姓，国民的道德水平就会高，也会长寿；如果统治者暴虐无道，百姓也会放辟邪侈，人命就如同草芥，朝不保夕。他将君主的统治比喻为陶工，将百姓的性情和寿命比喻为陶土，认为陶器最后如何由陶工决定。

董仲舒的对策受到了汉武帝的赞许，他在天人三策中还提出了一个重要的建议："诸不在六艺之科孔子之术者，皆绝其道，勿使并进。"他的建议皆得到了汉武帝的认可，为"罢黜百家，独尊儒术"寻求到了最高统治者的支持。建元五年（前136年），汉武帝"推明孔氏，抑黜百家"，正式下诏以《诗》《书》《礼》《易》《春秋》五部典籍为法定经典，并且设立五经博士，罢黜其他博士。从此以后，博士从混杂诸家变为儒家一派所专有。

3. 董仲舒对先秦儒家思想的继承、发展与创新

董仲舒继承了孔子的仁爱观。通过论证"仁""义"之别，提出了他的仁爱观："故仁者爱人类也"，"仁之法在爱人，不在爱我；义之法在正我，不在正人。我不自正，虽能正人，弗予为义。人不被其爱，虽厚自爱，不予为仁"（《春秋繁露·仁义法》）。只爱自己、只爱血缘亲人不是真正的仁，只有将天下芸芸众生全都包含在被爱的范围内，才是仁爱。董仲舒在《春秋繁露·五行相胜》中，讲了一个姜太公诛杀营荡的故事，来表明自己对仁爱的态度。姜太公向齐国司寇营荡请

教："治理国家最重要的是什么？"营荡回答："大行仁义之道。"姜太公接着问道："施行仁义的具体做法应该是什么？"营荡说："仁者爱人，爱人者，有孩子奉养，而不需要亲自劳力；义者尊老，丈夫应该向尊敬父母一样尊敬比自己年长的妻子。"显然，他的仁爱仅仅局限在家庭和血缘亲族之内，因而姜太公大怒，训斥说："我本想用仁义来治理国家，你却以你所谓的仁义来搅乱齐国，我要将你就地处决，来安定齐国。"

董仲舒对儒学也有创新。董仲舒思想的主线是大一统。"《春秋》大一统者，天地之常经，古今之通谊也。"(《汉书·董仲舒传》)大一统包含政治上大一统和思想上大一统两个方面。思想上大一统就是通过罢黜百家、独尊儒术等措施，使儒家思想成为整个社会的主流意识形态。为了给政治上大一统的实现提供理论支持，董仲舒提出"天人合一"的思想，这也是董仲舒思想的核心。天人合一思想以天人感应为核心，既有对前代学者的继承，更有理论、方法上的创新。天人合一思想包含三个层次：一是天人同质，即天与人在本质上都是充满生命活力的泛道德存在。董仲舒认为，"天亦有喜怒之气、哀乐之心，与人相副"(《春秋繁露·阴阳义》)。人有喜怒哀乐之情感，天亦有，天通过春夏秋冬四季的清暖寒暑之气联系在一起。二是天人同构，天与人在构成上相同。对于人而言，其在生理构成上与天同类。天有三百六十日，人有三百六十节；天有四时，人有四肢；天有五行，人有五脏；天有日月，人有耳目……三是天人互渗。在《五行五事》篇中，董仲舒指出，“君王如果不善纳谏，刚愎自用，水就不能渗透地下，春夏两季就会暴雨成灾；君主如果心胸狭隘，庄稼就会歉收，秋天就常打雷。董仲舒将君主品性—君臣政绩—庄稼丰歉—植物荣枯—四季气候变迁之间构成了一个因果互渗链”[①]。应该注意的是，董仲舒还将阴阳五行学说的神秘因素融入了天人合一中，把君臣、父子、夫妇与天地、阴阳相结合，用仁、义、礼、智、信比附阴阳五行，认为三纲五常取法天道，永恒不变。在阴阳五行的关系中，他提出“贵阳而贱阴”的观点，并认为君臣、父子、夫妇关系，皆取法阴阳之道。“君为阳，臣为阴；父为阳，子为阴；夫为阳，妻为阴。阴阳无所独行，其始也，不得专起，其终也，不得分功，有所兼之义。是故臣兼功于君，子兼功于父，妻兼功于夫，阴兼功于阳，地兼功于天。……王道之三纲，可求于天。”(《春秋繁露·基义》)

董仲舒以“天人合一”和“天人感应”说对先秦儒家进行创造性改造，以此宣扬君权神授，为汉王朝政权的合法性、确立君主的绝对权威，以及加强专制主义中央集权提供了理论依据。他借助天意提出了三纲五常，从理论上论证了等级制度

① 曾振宇、傅永聚注：《春秋繁露新注》，商务印书馆，2010，第39～40页。

的合理性。此后，三纲五常被封建统治者所推崇，成为中国封建社会最重要的伦理规范。

4. 汉武帝“罢黜百家，独尊儒术”

汉武帝刘彻接受董仲舒“罢黜百家，独尊儒术”的建议，采取立五经博士、设立太学等措施，最终使得儒家思想成为汉代的统治思想。汉武帝支持儒学，首先是因为经董仲舒改造的儒学解决了汉王朝政权的合法性问题。其次是经董仲舒改造后的新儒家更能适应汉代大一统的社会需求。最后是依儒家礼仪和典籍培养出来的人才更有利于社会稳定和国家的统治。汉武帝在建元五年（前 136 年）设置五经博士，其他诸子百家不再设立博士。博士变为经学博士，儒家典籍由一家之学变为钦定的法定典籍，标志着儒家经学正式开启。汉武帝于元朔五年（前 124 年）在京师设太学作为全国最高教育机构，并为五经博士置弟子员五十人，由博士教授儒家经学。公孙弘因治《春秋》而官至丞相，直接激发了读书人学习儒家经典的热情，刺激了儒家经学的发展。儒学自汉代成为官方意识形态，在随后两千多年的时间里一直处于优势地位，对中华民族的民族性格和生活习惯产生了重大影响。

三、宋明理学

从魏晋一直到唐代，随着佛教的传入、道教的复兴，以及统治者对三教并立的提倡，在儒、道、佛三家的论争中，儒学失去了意识形态上的独尊地位，直到宋代理学兴起。宋明理学是儒、道、佛长期争论和融合的产物，以儒学为主，兼容道、佛思想，并以程朱理学和陆王心学的形态得以呈现。宋代理学吸取佛教的心性理论，是对魏晋以来逐渐走向衰落的儒学的一种强有力的复兴。

（一）程朱理学

程朱理学由宋初“二程”开创，由朱熹发扬光大。“二程”是北宋教育家、思想家程颢、程颐两兄弟的并称。程颢，河南洛阳人，字伯淳，人称明道先生，神宗时担任监察御史里行，是王安石新政的反对者。程颐，字正叔，人称伊川先生，因博学多才，德高道深而被推举为当时仅十岁的幼帝哲宗的老师，担任“崇政殿说书”一职。

二程

作为教育家的二程。在学风上，二程都主张“穷经以致用”。在教育理念上，兄弟二人都主张运用教育来使人“复天理”，但具体到教育方法上，二人有明显不同。程颢的教育特色是“春风化雨”，强调和气。据《宋元学案》记载，游定夫去拜访龟山先生杨时，龟山先生问他：“您这是从哪里来的啊？”游定夫回答说：“我刚在春风和气中坐了三个月回来。”龟山先生进一步追问他到底去了什么地方，游定夫回答说：“我刚从明道（程颢）先生那里学习归来。”与兄长相比，程颐的教育方式则比较严厉。程颐五十三岁时担任宋哲宗的老师，在教育幼帝上，为养成君主尊师重道的习惯，程颐坚持儒家“从道不从君”“道尊于势”的精神，提出讲官坐着给皇帝讲课，打破了宋仁宗以来“讲官立侍”的成规。

作为思想家的二程。二程的思想集中体现在《二程集》中。二程是理学的奠基者，对儒学的贡献就是在吸收前代诸家对“理”的认识的基础上，把“理”抽象为宇宙的本体而衍生出宇宙万物，从而构造了一个以“理”为最高本体的思想体系。二程的核心思想是先有理后有物，理是宇宙万物的本原，万物只有一个理。在二程那里，天理和人欲是对立的，要“存天理，去人欲”。程颢以心解理，提出“心即是理，理即是心”，先有心，然后才产生各种物体，这一认识对陆王心学产生了较大影响。程颐通常会把理与气分开，对朱熹的理气论产生了较大影响。

朱熹，字元晦，出生于福建南剑州（今福建南坪）尤溪县。朱熹是二程开创的宋代理学的集大成者，也是宋明理学最杰出的代表，在儒学发展史上具有极其重要的地位。著名历史学家蔡尚思教授曾将其与孔子并提，作诗云：“东周出孔丘，南宋有朱熹。中国古文化，泰山与武夷。”朱熹将二程（程颢、程颐）关于理气关系的学说进一步扩大完善，并以儒家为主，借鉴佛、道思想，形成了涵括人生、社会、自然在内的一整套完整的理学体系。朱熹的思想在元、明、清三代，一直是占据统治地位的官方哲学和主流意识形态。

朱熹

朱熹的思想可谓博大精深，包罗万象。正如中国著名历史学家张岱年在朱熹纪念馆的题词所言：“致广大而尽精微，网罗历代；尊德性而道问学，体用兼赅。”朱熹对儒学的贡献主要体现在使理本体进一步完善和体系化。朱熹认为，理是宇宙万物的根本，是天地万物的根据。“宇宙之间，一理而已，天得之而为天，地得之而为地，而凡生于天地之间者，又各得之以为性。”（《河南程氏遗书》卷七十）既然万物一理，为什么物会有差异？朱熹引入气的概念，来解释万物差异的原因——由于气禀不同。虽然理是绝对的，但理需要依附在宇宙万物上来体现，这就需要气。只有理气结合才能化生包含人在内的万物。他把一般性解释为理，把特殊性解释为气，将理和气结合起来，进而引申出理一分殊的命题，说明为什么理同而物各异。

概括起来讲，“理一分殊”指天理只有一个，而天理存在于万物之中，通过分殊之万物表现出来。即“万物皆有此理，理皆同出一原。……物物各具此理，而物物各异其用，然莫非一理之流行也”（《朱子语类》卷十八）。理为体，气为用；理为本，气为器。朱熹认为，理和气浑然一体，从而兼顾了形而上的理和形而下的器用，使其理本体的框架更加严谨周密。儒家强调入世，因而朱熹不仅关注自然界，更关注人类社会的规则秩序。朱熹认为天下没有理外之物，因而不仅将自然万物纳入其理本体中，还进一步将人间的三纲五常解释为理的展开，理的体现，说成是天地间的永恒规律。“其张之为三纲，其纪之为五常，盖皆此理之流行，无所适而不在。”（《朱文公全集·读大记》）三纲五常体现天理，因而遵循这些规则，就是遵循天理。

既然理如此重要，无所不在，无所不包，那我们应当如何认识天理？朱熹给出了他的办法——格物致知。虽然格物致知并非朱熹的发明，前代早有学者论及，但是他将之提升到一个新的高度，并使格物致知为后人所熟知，因而后人提起格物致知必谈朱熹。朱熹所谓的格物，就是即物而穷理。也就是说，首先要接触、研究事物，然后探究其体现的理。致知就自我而言就是从我所知推及我未知，从而实现“使吾之知识无不精切而至到耳”。朱熹认为，这是所有人提升修养的功夫。《宋元学案》中记载的朱熹和弟子的谈话，可以帮助我们了解应该如何做到格物致知。其大意如下：朱熹在南宋官场沉浮五十年，一直以清廉、敢于直言进谏著称。他曾上书宋孝宗，积极主张抗金，并提出皇帝只有提升自己的修养，才能实现光复大业。他的弟子针对他的上书请教皇帝的修养和普通人的修养的区别。朱熹并未直接回答不同点在什么地方，而是指出了皇帝和普通人的共同点，也是他希望自己的学生能做到的，那就是提升修养首先要在格物致知上下功夫。因为不论是浩瀚的宇宙还是微不足道的昆虫，都体现着理，只有了解了它们所包含的理，我们才能正确面对世界，规划人生。弟子进一步请教说："您说的格物致知是二程先生和龟山先生传下来的吗？但是格物和致知的具体内涵及先后顺序，我们不清楚。"朱熹说："明道先生说'格'就是到；'致'就是得，认为只有先在具体的物上花费心思，才能求得知识。显然，在他那里格物在先，致知在后。但如果我们先探究大道，然后把它落到具体物上，那就更能穷尽大道的奥秘。"弟子进一步提问："可以用来格的物种类繁多，我们要致的知也这么多吗？"朱熹回答说："这么说不准确。伊川先生认为良知良能是人生而具备的东西，与万物相当。天地有心，人亦有，而且天地人心的理是一样的。今天格一物，可以到达天地之心；明天格一物，又可以到达天地之心；而天地之心也会落实到人心，落实到人的良知良能。久而久之，物格得多了，人的良知良能就会被大部分甚至全部激发出来，从而实现致良知。"弟子恍然大悟，激动地说："原来格物致知需要持之以恒，下苦功夫，只格一二物是不行的。"朱熹说："是的，但格物必须一个个地来，不能贪多。龟山先生曾经说过，'我们学习的动力始于致知的愿望，终于得良知的实现，格物仅仅是手段。人生亦有限，而天下的物无限多，一个人不可能遍格万物。因此在格物的时候，注重自我内心的反思，而非任由心思随物流动，只有认清心里的良知良能，才能做到万物皆备于我’。”弟子进一步发问：“我们致良知的努力是实现个人的良知，但是天下人有千万，每个人都实现个人的良知，那良知会不会太多了，这会不会引起人与人之间的论战啊？”朱熹回答说：“不同的人有众多的心，其实说的是人们的不同欲望；但是就良知而言，所有的人都是一样的，那就是‘仁’。天地、日月、宇宙的理只有一个，体现在人的心里，就是‘仁’。通过格物致知去掉蒙在人心上的欲望，人类共有的良知‘仁’就会显露出来。”学生还是不大理解，就指着案头上的新砚台，恳请老师做一个格物致知的示范。朱熹拿起砚台，发现砚台上有一个大螺壳的印，弟子也看到了，连忙问：“螺应该生活在海里啊，怎么钻进石头里去了？”朱熹答：“砚石是从山上采的，说明有山的地方曾经是海底。这个大螺应该是在海底的泥土里；后来经过沧海桑田的变化，海底变成山，泥土变成石头，螺就到石头里去了，这就是格物。然后我们再致知：高山大海这样貌似永恒的东西，经过时间的变迁，都会发生巨变，因而世界上没有什么是不变的。《诗经》有云：‘天命无常。’人要常处忧患，以战战兢兢，如临深渊，如履薄冰的敬畏之心，对待周围的一切。这样我们就由物悟出了‘敬’，从而达到了良知的境界。”

除了致力于理学体系的构建，朱熹对教育事业的贡献也不容小觑。朱熹一生热衷于文化教育，孜孜不倦地授徒讲学，在教育机构设立、教材编撰和教学实践中多有建树。他任地方官时不仅整顿县学、州学，还重建了白麓洞书院、岳麓书院，并且新建同安县学、武夷精舍、考亭书院等。朱熹以阐发义理为治经之目的，遍注群经，其代表作品《四书章句集注》成为明清时期的钦定教科书和科举考试的标准，也成为后世学者研习儒家典籍必不可少的工具书。朱熹是儒家道统的宣扬者和捍卫者。在四书的研习顺序上，他认为应“先读《大学》，以定其规模；次读《论语》，以定其根本；次读《孟子》，以观其发越；次读《中庸》，以求古人之微妙处”（《朱子语类》卷十四）。这也为今天儒学初入门者如何读、怎么读指明了用力的方向。

朱熹对儒学的贡献很大，其中，最重要的是完善儒家哲学、建立儒家道统和创立“四书”体系。尤其是将“忠德”的精神上升到“天理”的高度，把理学运用到治国上，对儒家经典中蕴含的正君心、行仁政和伦理道德纲常的解释为封建统治者所认可，理学中所蕴含的帝王之术逐渐被统治者接受，自南宋以后，逐渐成为中国思想领域的执牛耳者。朱熹的思想融汇了儒、释、道三家思想的特点，对维护封建专制统治极为有用。南宋后期，其思想逐渐被统治者所推崇，在元代正式成为官方正统思想，对元、明、清三代的政治产生极大影响。朱熹在世的时候，理学虽然兴盛，但是没有成为官方学说。虽然南宋时朱熹的《论语集注》《孟子集注》《大学章句》《中庸章句》《通鉴纲目》《仪礼经传通解》被指定为官学教材，但其在意识形态和科举考试中的独尊地位并未确立。直到皇庆二年（1313年）元仁宗下诏恢复科举，以“四书”为科举考试的主要内容，以程朱的注解为准，这才标志着程朱理学正式确立了其官学地位。明代统治者特别推崇程朱理学，在明太祖朱元璋、明成祖朱棣的支持下，借助政权力量，程朱理学的官方独尊地位得以确立。朱元璋支持程朱理学实际上是想借助理学统一思想，程朱理学逐渐沦为明王朝推行文化专制的思想工具。明初诸儒敏锐地认识到程朱理学的颓废之势，开始探索修正和突破的方法，理学开始向阳明心学转向。

（二）陆王心学

陆王心学的创始人是南宋陆九渊，集大成者是明代大儒王阳明。该学派的核心主张是“心即是理”“致良知”和“知行合一”。陆九渊，字子静，自号象山，人称象山先生，抚州金溪（今江西省金溪县）人，南宋著名理学家，宋明两代“心学”的创始人。

陆九渊在儒学上的贡献主要体现在以“心即理”为核心，创立“心学”，断言“宇宙便是吾心，吾心即是宇宙”，天理、人理、物理只在吾心之中。他在治学上强调“自作主宰”“发明本心”，不必外求。朱熹和陆九渊同为宋代著名理学大家，都认同天理的存在，但在天理存在的形式和认识天理的方法上存在着不可调和的矛盾。南宋淳熙二年（1175年），理学家吕祖谦为了调和朱陆二人之间的矛盾，出面邀请陆九龄、陆九渊兄弟与朱熹至信州鹅湖寺相会，共同讨论学术问题，双方围绕致良知的途径展开激烈辩论，始终未达成统一，这就是著名的“鹅湖之会”。在讨论中，朱熹提出，人们只有在“泛观博览”历代圣贤书作后，才能逐渐提升自身的道德境界，亦即先格物而后致知。陆氏兄弟则认为，读书不是成为圣贤的必要途径，要求圣人之道须“先发明人之本心”，因而不主张多做读书穷理的功。朱熹认为陆学“太简”，陆子则认朱学“支离”。为了反击朱熹，陆九渊在辩论中提出一个问题：“尧舜之前有何书可读？”即上古时期的尧舜并无书可读，如果按照朱子的主张，先读书再致圣，他们又是如何成为圣人的？他的问题十分尖锐，直接让朱熹无言以对。这场辩论持续三天，但最终也未实现组织方调和双方的目的。

王阳明，名守仁，字伯安，浙江余姚人，曾因筑室于会稽阳明洞，又创办过阳明书院，被称为阳明先生。他虽精通儒、道、佛，但终究不离儒学本质，是明代心学的标志性人物，以“心即是理”“致良知”和“知行合一”为其理论框架。王阳明的心学理论，对前代既有继承，更有创造，其创立的“心学”体系亦被称为“阳明心学”。

王阳明

提到阳明心学，“龙场悟道”不可不说。学界通常把“龙场悟道”称作阳明心学的起点。明武宗正德元年（1506年），王阳明因得罪宦官刘瑾，被廷杖四十，而且是去衣行杖，是奇耻大辱，后被贬至贵州龙场当驿丞。龙场当时是尚未开化的蛮荒之地，王阳明一路历尽艰辛，躲过刘瑾的数次追杀，到达此地，已经身心俱疲，心底的愤慨、恶劣的生存环境和身体抱恙都让他做好了死在龙场的准备。他曾对石墩发誓：“吾惟俟命而已！”他因悲愤忧思无法排解，终夜不能入眠。这个时候，当地未开化的夷民，向他伸出了援助之手，为他修房建屋，不仅帮他渡过了生活中面临的种种难关，更给了他活下去的勇气。他的心绪也逐渐由烦躁、忧郁变得安静、平和，他开始“日夜端居沉默，以求静一”，思索如果圣人处于这种环境，又当如何行事。据说，一天夜里，王阳明睡梦中忽然惊起，仰天大笑曰：“圣人之道，吾性自足，向之求理于事物者，误也。”也就是说，经过内心的反思，他开始领悟到，圣人之道，其实无须外求，而在我自己的本性中早已经具备，以前向外界事物求理的方法，其实是错误的。这次悟道让他体会到“心外无物，心外无事，心外无理”。虽然他未明确提出“心即理”，但实际已经确立了其心学本体论。这为创立“知行合一”的践行功夫、致良知的道德修养论准备了理论基础。

“知行合一”之说是在龙场悟道后第二年被王阳明提出的。理解“知行合一”的关键是“合一”。据《传习录》记载，王阳明的学生徐爱未能体会到老师所谓的知行合一的精要之处，因而向老师请教。徐爱举当时社会中常见的知和行分离的例子，向老师请教道：“现在的人都知道应该孝顺父母，尊敬兄长，但是不能做到，这表明知和行分明是两件事情。”王阳明回答说：“这种现象的出现表明本心已经被私欲阻断，已经不是知行的本体了。举个例子，我们说某人知道孝顺父母，知道尊敬兄长，肯定是因为这个人有孝顺父母和尊敬兄长的行为，难道我们仅仅是因为这个人说了孝悌的话就说他知道孝悌吗？再举个例子，我们说知道什么是疼痛，是因为我们有了疼痛的感觉；知道什么是寒冷，是因为有过寒冷的体会；知道什么是饥饿，因为我们自己经历过饥饿，可见，知行怎能分开？这就是没有被私欲隔断的知行的本体。”师徒二人的对话，基本上囊括了王阳明的知行观的全部内涵，即“知”和“行”都是“心”这一良知本体的体现，知行分离就意味着良知本体的破裂，所以真知真行不可分离。何为真知？真知就是将知付诸行动，正如前面提到的，人除了知道何为孝悌（知），还要有孝悌的行为（行），如果没有实际的行为，就不是知。显然，知本身就有行的要求。不仅如此，人的孝悌行为（行），是由何为孝悌（知）所规定的，人们对孝悌的认识也需要落实到孝悌的行为中得以实现。用王阳明的话说，就是“真知即所以为行，不行不足以谓之知”（《传习录》）。“知之真切笃实处即是行，行之明觉精察处即是知”，“知是行之始，行是知之成”，“知是行之主意，行是知之工夫”（《传习录》）。

致良知是阳明心学最重要的内容，王阳明曾经说过“吾平生讲学，只‘致良知’三字”（《寄正宪男手墨二卷》）。何为良知？王阳明说良知是人生来就有，无须外求、无须外学的自然本性，是天理。就像人们看见父亲，自然就知道孝顺；看见兄长，自然就会亲近；看见无知幼儿即将掉入井中，自然会有恻隐之心一样，不论圣人还是普通人，古人还是今人，具备的良知是一样的。所以每个人都有成圣的可能。王阳明的弟子董梦石出游回来，王阳明问他出游的见闻，董梦石说见到一件奇异的事，看见满街都是圣人。王阳明回答说，这是一件很平常的事情，没什么值得奇怪的。另外一个学生何廷仁不是很理解，进一步追问道，“圣人与普通人还是有区别的吧？先生您的人品像泰山，普通人却达不到”。王阳明回答说：“泰山也不如平地大啊，普通人生而具备的良知和圣人是一样的，良知不会因为圣人聪明而增加丝毫。圣人和普通人的区别仅仅在于能够发现自己的良知。……圣人和凡人只有一步之遥，一字之差，就是能不能‘致’得自己内心本有的良知。”正是基于此，他认可并宣扬满街都是圣人。

既然“致”如此重要，那么，如何跨过凡人和圣人之间的一步之遥，成为圣人呢？王阳明也给出了简单易行的方案，必须在日常生活中致良知。据《传习录》记载，王阳明在江西时，有一个下属官员经常去旁听他讲学，并且叹息道：“讲得非常好，只是我每天被各类簿书讼狱所累，没有时间好好学习啊。”王阳明听说后，告诉他：“我并没有教你脱离簿书讼狱等日常事务去学习。你既然担任官职，有官司上的事要处理，那就在官司上为学，这才是真格物，也就是我常说的致良知。举个例子，你在处理案件时，不能因为当事人应答失礼就心生怒气；不能因为当事人应答通畅就心生喜欢；不能因为厌恶当事人的私下嘱托就故意治罪；也不能因为请求宽恕而违心答应；不能因为自己事务繁忙随意判案；不能受制于别人罗织的罪名，听别人之言处理。上面说的都是私欲，只有你自己知道，所以必须精细省察，勤加克制，确保本心没有丝毫偏差，这就是格物致知。处理文书和讼狱都是实实在在的学问，如果脱离实际，就是空。”

明代初期，统治者以程朱理学压制人们的思想，阳明心学不重视书本与见闻的知识，强调人的主观能动性，尤其是对只要能认取良知、照良知去做，愚夫愚妇也可以成为圣贤的强调，广受普通百姓的欢迎，鼓舞了人们的进取意识，刺激了思想的活跃。明代中后期阳明心学在民间广为流传，甚至能够和被誉为官方正统的程朱理学平分秋色。阳明的弟子到处成立书院讲学，不仅复兴了宋元以来中衰的讲学事，还催生了明末东林党的讲学之风。阳明心学促成了明代中后期的思想解放，对东亚尤其是日本的“明治维新”也产生过重要影响。明朝后期，阳明学风虽风靡一世，但不重书本，空疏浮陋的弊病也日益凸显。

明清统治者认为阳明心学不利于王朝统治，对阳明心学实行压制和打击政策。如嘉靖八年（1529 年），明世宗将心学定为“伪学”，并禁止天下学子讲习。清代统治者也大力推崇程朱理学，压制阳明心学的传播，但阳明心学仍在民间广泛流传。

四、清代儒学

清代儒学的发展大体呈现两个特点：一是理学的衰落，二是经学（考据学）的发展并成为清代学术的主流。清代理学承袭宋明理学，尤其是程朱理学在康熙时被奉为官方统治思想。清代的科举考试内容以四书为主，注解以《四书章句集注》为准。清代早期帝王均倡导“以朱子之学倡天下”（《清史稿》卷二百九十）。康熙尤其尊崇朱熹其人其书，于康熙五十一年（1712年），下旨让朱熹配享先圣，朱熹的牌位也从孔庙配殿移至大成殿，成为孔庙第十一位配享哲人。康熙盛赞朱熹“文章言谈之中，全是天地之正气、宇宙之大道”（《御纂朱子全书·序言》）。他亲自为《朱子全书》作序，并颁行全国。但康熙推崇的是朱子学说中的伦理纲常，强调的是理学中对皇帝忠诚的思想，其根本目的是维护其统治。相比之下，其对于程朱理学中的学理比较轻视，认为是空言，更强调实学。乾隆皇帝发现程朱学说中也有不利于自己统治的言论，对理学的态度发生了变化，一方面乾隆对理学的“浮泛空虚”加以打击，另一方面在科举考试中缩减理学的比例。随着考据学的兴起，以及对理学的排斥，加之理学自身在学理上因循旧说，鲜有创新，理学逐渐走向没落。

顾炎武

乾嘉时期，经学兴盛。乾嘉学派是清代学术的重要代表，由清初顾炎武开创，至惠栋、戴震时正式形成，在乾嘉时期达到鼎盛。顾炎武反对空衍义理，提倡以经学实证理学，达到通经致用的宗旨。乾嘉学派后来形成了以惠栋为代表重视搜集、疏通汉儒经说的吴派和以戴震为代表注重从文字、音韵方面判断古书内容的皖派。乾嘉学派的研究方法是重视实证，长于考据；研究内容以经学为主，兼及史籍、诸子的校勘、辨伪，以及地理、典章制度的考证。乾隆时期加强文化控制，大兴文字狱，乾嘉学者逐渐放弃顾炎武通经致用的宗旨，研究的内容逐渐与社会现实脱节，走上为了考证而考证的道路。嘉庆以后，对学者的文化高压统治放缓。学者们面对清朝内忧外患的局面，放弃了只致经典不问世事的姿态，纷纷探求救亡兴国之道，乾嘉学派逐渐淡出历史舞台。乾嘉学派大规模整理文献古籍，为后人留下了大量丰富、可靠的文化遗产。乾嘉时期的乾嘉学派继承并丰富完善了中国考据学的治学方法，不仅对以王国维为代表的新历史考据学产生了巨大影响，还推动了18至19世纪的朝鲜、日本儒学从程朱理学转向了考据学，走上了实学的道路。

第二节　儒家思想与中国精神

中国精神就是中华民族的精神，是中华民族在长期发展中所孕育而成的意识，是中华民族价值观念、思想感情、心理特征和思维方式的集中反映。儒学作为中国传统文化的重要组成部分，千百年来一直牢牢地扎根于我们脚下生生不息的土地，潜移默化地融入中国人的血液、思维和行动，为中华儿女打上了世代绵延的思想印记，并形成了“百姓日用而不知”的中国特质。

一、儒家天人合一的世界观

儒家重人学，关注个人及个人与他人的关系，重伦理道德，在为人道确立伦理规矩的过程中，也表达了对天的看法，正如郭齐勇先生所说，儒学是“入世的人文的又具有宗教性品格的精神形态”[①]。简而言之，儒家的世界观可以概括为四个字：天人合一。钱穆先生曾指出：“‘天人合一’，即是我们最高信仰。”[②]儒家的天人合一思想对中国人的影响主要表现在敬天畏命、顺天受命和积极发挥人的主观能动性，修身、尽心以待天命两个方面。

首先，我们看看儒家的天究竟是什么呢？冯友兰先生认为中国的“天”有五种含义：“曰物质之天，即与地相对之天；曰主宰之天，即所谓皇天上帝，有人格的天、帝；曰运命之天，乃指人生中吾人所无奈何者，如孟子所谓‘若夫成功则天也’之天是也；曰自然之天，乃指自然之运行，如《荀子·天论篇》所说之天是也；曰义理之天，乃谓宇宙之最高原理，如《中庸》所说‘天命之谓性’之天是也。”[③]可见，在中国古代，“天”的内涵丰富且侧重点不尽相同，但在儒家的天人关系中，对中国人影响最大的是“主宰之天”和“运命之天”。

“主宰之天”的鲜明特色就是具有绝对权威，至高无上，

① 郭齐勇：《儒学：入世的人文的又具有宗教性品格的精神形态》，载《儒学：历史、思想与信仰》，商务印书馆，2011，第6页。

② 钱穆：《中华文化十二讲》，九州出版社，2011，第102页。

③ 冯友兰：《中国哲学史》，中华书局，2014，第54页。

不以人的意志为转移。在古代中国，天子是人间最高的统治者，但是他也不能左右“主宰之天”的决定。《论语》中的“天丧予”“天厌之”“获罪于天”等都含有主宰之天的意思。孟子的学生万章认为，是尧把天下传给舜的，而孟子却不认可这种说法。孟子认为，是天要传位给舜，尧作为天子，只是把舜推荐给天，就像诸侯可以向天子推荐诸侯人选，而不能左右天子是否任命候选人为诸侯一样。

汉代天人关系主要体现在董仲舒的“天人感应”上，“天亦有喜怒之气、哀乐之心，与人相副。以类合之，天人一也”（《春秋繁露·阴阳义》）。董仲舒虽然倡导天人合一、天人感应，将天与人的关系神秘化，甚至多次论证“天尊于人”，但他并没有忽视人。他的天人感应是天和人的相互感应。他首先提升天的权威，威慑天子和百姓，试图让天子敬畏天的权威，听命于天。他指出，天意的载体就是灾异和祥瑞，“国家将有失道之败，而天乃先出灾害以谴告之。不知自省，又出怪异以警惧之，尚不知变，而伤败乃至”（《汉书·董仲舒传》）。同时，强调人对天的感应，人可以通过改造自身的德行，感动天，从而得到天的谅解，重新取得天命。君主见到“五行变至，当救之以德，施之天下，则咎除”（《春秋繁露·五行变救》）。他的思想对后世君主敬畏天命及普通百姓影响很大。如西汉时期，皇帝颁布的罪己诏多达三十三次；顺治皇帝在位期间，自然灾害很多，“水旱累见，地震屡闻”“冬雷春雪，陨石雨土”。他把这一切自然现象都归罪于自己的“不德”，屡屡下罪己诏。同样，天子是天在人间的代表，代表天进行统治，因而百姓就应该敬畏天子，顺从天子，这样才是顺应天命。

“天人合一”作为一个词最早被北宋张载提出来，但对后世影响最深的是南宋朱熹的天人一理。朱熹认为，天就是理。他所谓的天虽然也指自然之天，但更强调主宰之天。“其体即谓之天，其主宰即谓之帝。”（《朱子语类》卷二十五）这个主宰之天被称为上帝。上帝的主宰性通过天命表现出来。天命的主要内容是赋予了人善良的本性，这个本性也就是天理，其中三纲五常是重要内容。三纲五常体现天理，因而遵循这些规则，就是遵循天理。人如果能够依理而行，不违背天理，就是遵循上帝的命令。“天理人欲相为消长”，因此，只要克制了自己不合理的私欲，天理就即刻复明。“克之克之而又克之，以至于一旦豁然欲尽而理纯。”（《朱文公文集·克斋记》）强调人的主观能动性，通过格物致知、存天理、灭人欲等修身途径，实现天人一理，实现天与人的和谐共生。

“运命之天”是冯友兰所说的“人生中吾人所无奈何者”。对于无可奈何的“运命之天”，孟子强调：“君子创业垂统，为可继也。若夫成功，则天也。君如彼何哉？强为善而已矣。”（《孟子·梁惠王下》）可见，孟子认为，应做好自己的事情，努力提升自己的善心善行，静待命运的到来。张岱年在《中国哲学大纲》中对命作了如下定义："大致说来，可以说命乃指人力所无可奈何者。我们做一件事情，这件事情之成功或失败，即此事的最后结果如何，并非做此事之个人之力量所能决定，但也不是其他任何个人或任何一件事情所能决定，而乃是环境一切因素之积聚的总和力量所使然。如成，既非完全由于我一个人的力量；如败，亦非因为我用力不到，只是我一个因素，不足以抗广远的众多因素之总力而已。做事者是个人，最后决定者却非任何个人。这是一件事实。儒家所谓命，可以说即由此种事实而导出的。这个最后的决定者，无以名之，名之曰命。"[①]正如孟子所说，"莫之为而为者，天也；莫之致而至者，命也"（《孟子·万章上》）。儒家的这种命运观念在国人心中根深蒂固，国人通常认为在做事情的时候，人应该尽力而为，但事情能否成功，最终还要看命运，而人的命运仍是由天决定的。孟子主张"莫非命也，顺受其正；是故知命者不立乎岩墙之下。尽其道而死者，正命也；桎梏死者，非正命也"（《孟子·尽心上》）。

可见，在天人关系问题上，儒家一方面赋予天至高无上的特权，强化君权神授，巩固封建统治；另一方面更强调人的

① 张岱年：《中国哲学大纲》，江苏教育出版社，2005，第365页。

主观能动性的发挥，强调人应该修己以配天，通过尽心知性知天，存心养性事天，实现天和人的和谐共处。这种天命观和儒家的入世哲学不可分开。

二、儒家思想与人生观

儒家思想的亲切感就在于它始终关注人，关注人的日常生活行为，关注人的情感，关注人的理想人格的塑造。儒家思想对国人人生观的影响主要体现为修身、齐家、治国、平天下的人生目标和积极进取、奋发有为的人生态度。

儒家倡导以修身、齐家、治国、平天下为人生目标。儒家设定的人生终极目标“平天下”虽远大崇高，但并非遥不可及的空中楼阁，而是通过自身的努力，由近及远，逐步实现的过程。具体说来，可以分为四步走。第一步是修身。因为每个人都先天具备善性，每个人都有成圣的可能，这就为修身成德提供了可能性；同时，人又容易受外物的诱惑而迷失本心，这就使得修身成为必然要求。而且修身的途径也很简单，那就是见贤思齐的自觉、三省吾身的自律和在日常生活中履行诸德的实践。第二步是齐家。人生活在社会中，就不可避免地会与其他人发生关系，人所要处理的第一个人际关系就是家庭关系，通过修身提升自己，在父母兄弟中践行孝、悌之德，把家庭内部关系处理好，实现家庭内部和谐。受儒家思想影响，中国人一直强调家和万事兴，注重经营家庭关系。个人修身和家庭和谐的目标是针对所有人而言的，是经过努力就可以实现的具体目标。第三步是治国。在修身、齐家的基础上将亲亲之情、敬长之义进一步推而广之，践行仁民、仁政，既实现自己的政治抱负，成为贤臣仁君，又可以造福百姓，富民安民。通过修身、齐家、治国三步，最终实现平天下的崇高目标。中国的知识分子的人生观受儒家影响尤为深远，自觉践行着“达则兼济天下，穷则独善其身”的人生观。

儒家提倡奋发有为、勇于担当、锐意进取的人生态度。《周易》有句被无数中国人奉为人生格言的名言：“天行健，君子以自强不息。”就是说人要效仿天的品质，树立昂扬向上、积极进取的人生态度。在身处逆境的时候更要通达乐观，把逆境当作一种提升自身品质、实现成功的途径。正如孟子所言，“故天将降大任于斯人也，必先苦其心志，劳其筋骨，饿其体肤，空乏其身，行拂乱其所为，所以动心忍性，曾益其所不能”（《孟子·告子下》）。儒家强调不论顺境、逆境，都要过奋发有为的人生，要有以天下为己任的担当精神。儒家推崇的古之圣人禹、稷如此。“禹思天下有溺者，犹己溺之也。稷思天下有饥者，犹己饥之也。”（《孟子·离娄下》）儒家创始人孔子亦如是。孔子周游列国，虽四处碰壁，难以实现政治抱负，但救世热情丝毫不减，即使被人戏谑为“累累若丧家之犬”亦不怒不怨，因为他有悲天悯人之心，有拯救天下之志。孔子之后的历代儒者及受儒家思想影响的中国人也如此。担当精神体现为宋代范仲淹首倡的“先天下之忧而忧，后天下之乐而乐”；体现为明末清初顾炎武主张的“天下兴亡，匹夫有责”(《日知录·正始》)；体现为国家民族危亡之际无数普通中国人的担当与奉献；体现为当代中国在处理国家关系时的大国风范、大国气度和大国担当。正如鲁迅所说“我们从古以来，就有埋头苦干的人，有拼命硬干的人，有为民请命的人，有舍身求法的人……这就是中国的脊梁”[①]。

三、儒家思想对中国人价值观的影响

儒家重和谐、尚中庸的价值取向，对中国人的影响可谓至深至远。英国哲学家罗素说：“如果在这个世界上有‘骄傲到不屑打仗’的民族，那就是中国。中国人天生宽容而友爱、以礼待人，希望别人也投桃报李。只要中国人愿意，他们可以成为天下最强大的国家。但是，他们所追求的只是自由，而不是支配。”[②] 中国人的宽容、友好，以及在处理国家关系时对自由平等的向往，对霸权支配的厌恶，皆取决于对“和”的

① 鲁迅：《中国人失掉自信力了吗》，载《鲁迅全集》第6卷，人民文学出版社，1981，第118页。

② 罗素：《中国问题》，秦悦译，学林出版社，1996，第154页。

价值追求。中国人重视的和是“君子和而不同，小人同而不和”(《论语·子路》) 之“和”，即承认人与人、国与国、文化与文化的不同，尊重差异，包容对立，协调矛盾，实现和谐共处。西方文明关注人与物的关系，而中国文明受儒家思想影响，更关注人伦，看重如何实现人与人之间的和谐共处。人与人之间的关系是有差异性的，费孝通将之比喻为，像石子投入水中而产生的波纹，这种波纹愈推愈远，也愈推愈薄，因而他认为人伦是“从自己推出去的和自己发生社会关系的那一群人里所发生的一轮轮的波纹的差序”[①]。用“礼”规范人的行为、处理人际关系的思想在中国人的日常生活实践中被证明是行之有效的办法。中国是礼仪之邦，中国人重礼，礼的规定涉及方方面面，而且针对不同身份、职务的人，礼的内容也是不同的，正是这种差异之礼的普遍使用，使人与人之间、国与国之间能够和谐、有序相处。与其他国家和地区不同，中国历史上从未出现过因宗教思想不同而引发的战争，究其深层次原因，就是中国思想观念中“和”的价值取向，也就是《中庸》所说“万物并育而不相害，道并行而不相悖”的包容性。马克

① 费孝通：《乡土中国　生育制度》，北京大学出版社，1998，第27页。

思有句名言："你们并不要求玫瑰花散发出和紫罗兰一样的芳香，但你们为什么要求世界上最丰富的东西——精神只能有一种存在形式呢？"[①]中国人对不同、差异的认可和包容，直到今天仍是我们处理人际关系、国家关系、文化交流的思维方式，而且被越来越多的国家所认可和接受，为解决世界文明间的冲突和矛盾提供了有益借鉴和中国智慧。

古希腊的著名哲学家赫拉克利特虽然也发现过和而不同的美妙，指出不同的音符按照一定的旋律协调地排列起来，就会呈现美不可言的音乐，但是中国人将这个"和"发挥到极致，不仅运用到审美观上，还体现在日常生活的各个方面，并影响到东亚邻国。正如孙伟平所说："在理论与现实中，东亚价值观以和谐为贵的特色表现得很充分。无论是天人关系、人与人之间的关系，还是人之内心，皆以和谐为最高境界。"[②]

中庸是中国人最典型的思维方式，其显著特征就是在全面认清形势的前提下，能够审时度势，在言行举止、价值判断、情感表达等诸方面做到不偏不倚，不走极端。中庸的思维方式对中国人的影响可谓至广至深。从个人层面看，中国人情感表

① 卡尔·马克思：《评普鲁士最近的书报检查令》，载中共中央马克思恩格斯列宁斯大林著作编译局编译《马克思恩格斯全集》第一卷，人民出版社，2012，第107页。

② 孙伟平：《价值差异与社会和谐——全球化与东亚价值观》，湖南师范大学出版社，2008，第167页。

达上的含蓄内敛、行为举止上的中规中矩、思想意识上的居安思危；从国家层面看，互利共赢的开放战略的执行、人类命运共同体理念的提出、和平共处五项原则的提出，无不体现着中庸的智慧。中庸对国人的影响毋庸置疑，但对影响的认识则见仁见智。在近现代中国，中庸曾一度被看作是折中主义而备受质疑。同时西方“竞争哲学”和“丛林法则”的传入也对中庸提出了挑战，不少人认为，中国缺乏创新和竞争意识皆是中庸惹的祸。事实真是如此吗？让我们回归中庸的历史，探求其真实内涵。

孔子认为“中庸之为德也，其至矣乎！民鲜久矣”(《论语·雍也》)。意思是说中庸这么一个道德的最高境界，人们已经缺失很久了。他虽然没有给中庸下明确的定义，但是从《论语》的记载中，我们可以看出孔子对中庸的态度是“无过无不及”“中行”。比如，子贡问孔子：“子张和子夏谁更杰出？”孔子回答说：“子张过了，子夏不及。”子贡接着问道：“那子张更好一些？”孔子回答说：“过犹不及。”(《论语·先进》)显然孔子认为，中庸首先不是执一。其次，是中行。孔子说：“不得中行而与之，必也狂狷乎！狂者进取，狷者有所不为也。”(《论语·子路》)显然，孔子认为，能够“中行”的人是合乎中庸之道的人，但是在现实生活中已经很难找到，只能退而求其次，与勇于向前的人和洁身自好有所不为的人交往。因为这两种人各具备“中行”的一端，因而“叩其两端而执其中”，从两者之间找到一个平衡点、一个度。中庸思想要求人在日常行为中不走极端，既要有积极进取的精神，敢于作为，又要避免冒进、为达目的不择手段的执一行为，在两者之间找到一个平衡。这也是中国人一直追求的理想人格君子的行事风格“有所为有所不为”。《礼记·中庸》中进一步提出，中庸之道是“执其两端，用其中于民，其斯以为舜”，即兼顾大局，虽以中为用，但是也将两端考虑在内。孟子对中庸的贡献就是提出了“执中有权”，强调权变的重要性。他在批判杨朱为我、墨子兼爱的基础上，提出了“执中为近之。执中无权，犹执一也”（《孟子·尽心上》）。也就是说，虽然执中相比执一更接近正道，但如果执中没有权变，就与执一没有区别。在这里孟子突出了中庸对“权变”的强调。正如礼的践行，如果只执一端，恭过于礼，就会被人耻笑为是谄媚；相反，如果恭不及礼，也会被人嘲笑不懂礼。有子强调“恭近于礼，远耻辱也”，就是说对别人的恭敬要符合礼，才能避免耻辱。这就是执其两端而用其中，寻找到一个守礼的度。但是仅仅这样仍不够，礼在践行时，还要考虑权变思想，根据实际情况，做出适当调整，就像孟子提到的嫂子溺水是否援之以手的问题。可见，中庸思想内涵丰富，具有闪闪发光的辩证思想，教导人们既要稳又要变，既要关注全局，又要抓住关键，要有理性，不偏不倚不走极端。

显然，上述对中庸的质疑，没有抓住中庸思想的内涵。中庸并非反对竞争，中庸作为儒家思想的重要内容，反对无为，主张有为；并非反对利，而是强调利合于义，反对为了利无所不用其极。显然，儒家强调公平的竞争、合理的竞争。

中国人重和谐、尚中庸的思维模式，集中体现在儒家对“孝悌忠信礼义廉耻”的推崇和宣扬上。儒家以德教人的伦理思想，已经内化于中国人的思维方式，外化于人们的日常行为，并在经济、政治、文化各方面影响了中国的国家政策，塑造了中华民族的独特魅力和中国的大国风范。

第三节　儒家思想的世界影响

儒学对东亚、东南亚国家的影响，主要体现为儒学文化圈的形成。亨廷顿在其著作《文明的冲突》中将东亚视为“儒家文化圈”。儒家思想以中国为中心，辐射到朝鲜、韩国、日本、越南等东亚、东南亚国家，对这些国家社会生活的各个方面都产生了不同程度的影响，并通过儒学本土化进程，逐渐成为这些国家传统思想的重要组成部分。儒家思想在西方的影响则主要体现在 18 世纪的中国热。1700 年 1 月 7 日，法国国王路易十四在凡尔赛宫举办了一场声势浩大的新世纪庆祝舞会，舞会上聚集了巴黎社会的名流贵族，而路易十四则在人们的欢呼声中，身着中国服饰，坐着八抬大轿隆重出场，拉开了18世纪欧洲中国热的序幕。18世纪的中国热不仅表现在衣食住行方面效仿中国，还表现在启蒙思想家、知识分子对儒家思想的推崇上。可以这么说，18世纪是中国思想尤其是儒家思想传入欧洲、影响欧洲的极盛时期。

利玛窦

一、儒学文化圈的形成

东亚儒学文化圈主要由中国、日本、朝鲜半岛构成。中国是儒家文化的原创国，日本和朝鲜半岛作为接受地区，将儒家思想和本国实际相结合，从不同角度继承和阐发了儒家思想。

（一）儒家思想在朝鲜半岛

儒家思想在朝鲜半岛的传播始于公元前109年汉武帝在朝鲜半岛设乐浪郡、玄菟郡、真番郡、临屯郡四郡。“汉四郡”的设立虽出于政治、军事考虑，客观上却成为中国文化东传的重镇。儒家文化最初在朝鲜半岛北部传播，并逐渐渗透到西南、东南地区。儒学在朝鲜半岛的广泛传播，大体经历了两个阶段。一是676年，新罗国统一朝鲜半岛后，主动学习汉唐儒学，模仿唐代，设太学，置博士，传授儒学经典。同时派遣贵族子弟入唐，学习儒家文化。在唐代，参加科举考试的朝鲜“留学生”，有五十八人贡科及第。崔致远是新罗历届留学生中成就最高的一位，一直被朝鲜和韩国学术界尊奉为韩国汉文学的开山鼻祖。他精通儒学，在唐居住十六年后归国，对传播儒学文化起到积极作用。二是1392年，高丽大将军李成桂建立朝鲜王朝。朝鲜王朝崇儒排佛政策的推出，直接推动了程朱理学在朝鲜半岛的广泛传播，并获得独尊地位。儒学在传播过程中与朝鲜民族文化相融合，朝鲜儒学逐渐形成了自己的民族特色。在朝鲜王朝历史上曾经出现过著名的“节义派”。15世纪中叶继位的世祖李瑈是朝鲜王朝大有作为的君主，在国家治理上曾取得杰出成绩，但因其是取代幼侄端宗登上的王位，被认为是不义，金时习等六位大臣为此宁死辞官不出，成三问、朴彭年等六位大臣则因密谋恢复端宗王位被杀，这就是朝鲜历史上有名的“生六臣”“死六臣”。当时，以他们为中心形成的“节义派”，受到全社会的推崇与敬仰。此外，朝鲜历史上出现的“士林精神”等都受到儒家尤其是朱子学“义理”精神的熏陶。16世纪朝鲜李朝儒学大师退溪（李滉）和栗谷（李珥）被尊为朝鲜思想界的“二大儒”，对朝鲜儒学的发展产生了重大影响。中国朱子学于13世纪中期传入朝鲜半岛，李滉是16世纪朝鲜李朝朱子学大师，他继承了朱熹理学，并开创了退溪学派，为朝鲜培养了大批儒学人才，被公认为是朝鲜儒学泰斗。李珥是李滉的弟子，其名气和老师比肩。李珥虽然以李滉为师，但在学术观点上不同意老师的“四端七情论”，在对其批判的基础上，提出“道心即本然之气”，从而创立了朝鲜朱子学的新学派即“主气论”。退溪和栗谷在韩国家喻户晓，为了纪念二人在韩国儒学发展上的贡献，韩国政府分别将两位儒学大家的头像印在了1000韩元和5000韩元的纸币上。

不仅上层社会受儒学影响，普通百姓亦受影响。朝鲜王朝重视《朱子家礼》，依之制定“五服制”“三年丧”“家庙制”，并制定实施的若干具体措施。这些措施不仅约束上层，也直接规范着普通百姓的日常行为方式。韩国至今仍存在中秋祭祀先祖的传统。也非常重视丧礼，有成熟的丧服制。正如韩国成均馆馆长崔昌圭所说，“孔子不仅是中国的也是世界的。韩国有将近80%的人信奉儒教或受过儒教思想的熏陶”。

（二）儒家思想在日本

儒学思想传入日本，首先得益于朝鲜。285年（日本应神天皇十六年左右），儒学经百济国传入日本贵族阶层。据史书记载，朝鲜半岛西南的百济国派能读中国经典的使臣阿直岐到日本讲授汉学，后经其推荐，次年百济国博士王仁携带《论语》《千字文》为日本皇子讲授，由此，儒学正式传入日本。儒学在日本的传播有两个重要时期，一是隋唐时期。海上丝绸之路贯通之后，日本开始直接派遣大量使者去中国求法，这些受儒家影响的使者归国后，积极推动国内改革，从而促成了日本历史上重大的变革运动——大化革新。701年发布的《大宝律令》又将改革以法律的形式固定下来。《大宝律令》规定在中央和地方分别设立太学和国学，传授以《论语》和《孝经》为主的儒家经典。大化革新的推动者、具体措施，深受儒家思想影响。大化革新的实施又使得儒家的影响开始涉及社会各个阶层。二是17世纪德川幕府统治时期。此时期中国儒家的朱子学发展达到鼎盛时期。虽然宋代儒学早在13世纪就由留学中国的日本僧人和赴日本的中国僧人传入日本，但长期附属佛教，直到藤原惺窝的脱佛入儒事件，标志着日本朱子学走向学术独立。藤原惺窝最早用日文撰写宣扬宋儒的书籍《假名性理》《四书五经倭训》，倡导儒学向伦理化方向发展。林罗山在促进日本儒学摆脱佛教束缚上也功不可没。学者对儒学独立的倡导及儒学在伦理道德上的优势，加之德川幕府寻求政权合理性、巩固大一统政权的需求，为儒学获得官学地位提供了理论和现实依据。德川幕府时期，朱子学被奉为“官学”，成为占统治地位的官方意识形态。朱子学与日本本土文化结合，形成若干本土学派，如17世纪末兴起的古学派、18世纪末期的阳明学等。

儒学对日本的影响涉及政治、经济、文化、教育等各方面，不论对日本的古代文明还是当代的发展都起到极大的促进作用。正如美国学者赖箫尔所指出的：“当代日本人，显然已经不再是德川时代他们的祖先那种意义上的‘孔孟之徒’了。但是，他们身上仍然渗透着儒教的价值观和伦理观。儒教或许比任何其他传统哲学或宗教对他们的影响都大。”[①]应该注意的是，对于儒家文化，日本并没有简单照搬，而是通过吸纳、融合、创造将其日本化。日本继承了儒家对道统和血缘亲族关系的重视，形成了典型的家族式社会，同时，使这种关系突破血缘，进一步扩展到了其他社会组织、团体和企业，将长幼、主仆之间都界定为亲子关系。为了适应武士道精神，日本将中国传统儒学以孝为五伦之首改为以忠为第一，并且强调对天皇的效忠。日本“重团体，轻个人”的价值取向产生了巨大的凝聚力，企业管理中“《论语》加算盘”的经营智慧，都是日本在吸纳中国儒学的过程中从本民族实际出发，对传统儒家进行重构和改造的结果。

儒家文化也在东南亚的新加坡、泰国、马来西亚、印度尼

① 张立文、李甦平主编《中外儒学比较研究》，东方出版社，1998，第232页。

西亚、越南等国广泛传播，并对这些国家的治国思想和伦理道德产生极大影响，此处不再赘言。

二、儒家思想在西方的传播及影响

（一）儒学西传

儒学的西传最早可追溯到明末清初的传教士。传教士在殖民势力的支持下进入中国传教，初入中国传道受阻，深刻认识到儒家的思想对几乎所有的中国人都有着深刻影响，直接支配着中国人的思想意识，因而开始把目光转向儒家典籍，试图通过研究儒家典籍，比附儒家经典，来调和儒家和基督教的思想，更好地进行传教。他们对儒学西传的贡献主要在于西译儒家典籍，此外还通过书信、报告的形式，介绍中国的情况。

耶稣会士在西传儒家典籍上功不可没。其中最具代表性的是第一位在中国本土将四书译成西方语言的人——意大利耶稣会传教士利玛窦（Matteo Ricci）。

1582年，利玛窦在葡萄牙殖民势力的支持下来华传教。1591年，他开始着手翻译四书。在翻译时，他着力寻找基督教与儒家思想的共同之处，试图用基督教教义来诠释儒家思想。该书于1594年完稿，书名为《中国四书》。当他把手稿寄回国后，整个思想界为之轰动。现存欧洲语言的《孟子》最早译本是意大利耶稣会士罗明坚（Michel Ruggieri）的拉丁文本。罗明坚于1579年到达澳门传教。返回欧洲后，他将《大学》的部分内容译成拉丁文并在罗马公开发表，他的《孟子》译本并没有刊行，手稿至今仍保存在意大利国家图书馆。把四书翻译成拉丁文并出版的是意大利传教士殷铎泽（Prosper Interecetta）和葡萄牙耶稣会士郭纳爵（Ignatiusda Costa）。早期最有影响力的关于中国儒家思想的译著是《中国哲学家孔子》。该书由以柏应理为主译的四位耶稣会传教士用拉丁文翻译而成，并于1687年在巴黎以拉丁文出版。该书包括《大学》《中庸》《论语》《孔子传》及《周易》六十四卦。此书出版后，欧洲学者开始关注中国。第一个翻译四书全译本并刊行的是耶稣会士卫方济，于1711年翻译的《中华帝国经典》，除了四书，还包含《孝经》和小学。此后的耶稣会士还翻译了《诗经》等儒家经典。在耶稣会翻译儒家经典的历史中，有一个明显的特点，就是重视原始儒家，反对批判宋明理学。

最早来华的耶稣会士为了传教，一方面以传播西方近代科技为借口，交结中国上层知识分子，客观上促进了西学东渐；另一方面通过西译儒家经典，调和儒家和基督教教义，论证二者的一致性，以方便他们在中国更好地传教。但译本出版后在西方引起的巨大反响却是他们始料不及的。尽管耶稣会尽力论证儒家和基督教教义一致，但是西传的儒家典籍还是受到罗马教会和天主教其他教派的强烈攻击，孔子及先秦儒家思想因与基督教教义不符而被斥为异端邪说而束之高阁。

（二）18世纪欧洲的中国热

传教士翻译传播的儒家经典反而引起了西方学者，尤其是启蒙思想家的兴趣和广泛关注，成为启蒙思想家反宗教神学的有力武器，对西方思想界产生诸多启发，丰富了世界文化的内容。

儒家典籍西传，在欧洲学术界掀起了一股中国热，激起了西方学者对中国文化的兴趣和研究热情。以《中国哲学家孔子》为例，1687年，该书在巴黎出版后，在西方学术界引起了强烈反响。1688年6月，柏尼埃（Francois Bernier）在巴黎的《学术报》上发表评论："中国人在德行、智慧、谨慎、信义、诚笃、忠实、虔诚、慈爱、亲善、正直、礼貌、庄重、谦逊以及顺从天道诸方面，为其他民族所不及，你看了总会感到兴奋。他们所依靠的只是大自然之光。你对他们还能有更多的要求吗？"[①]18世纪的柏林科学院，就把中国文化列入了研究课题，1796年，法国创建巴黎东方语言学院（今巴黎东方文化学院），后开设中国语言讲座，威廉·琼斯直接从中文翻译《诗经》作品，中国文化的影响力可窥一斑。

① 马祖毅、任荣珍：《汉籍外译史》，湖北教育出版社，2003，第36~37页。

儒家思想的西传对欧洲的启蒙运动也产生过深刻影响。法国、德国的许多启蒙思想家都受到过儒家思想的影响。伏尔泰是启蒙运动无可争议的精神领袖，他自称孔门弟子，把孔子画像挂在自己的礼拜堂中，朝夕膜拜。伏尔泰曾把欧洲人发现中国的文明比作哥伦布发现新大陆。他通过研究儒家思想，极力推崇儒家的道德，强调人的尊严和地位，反对基督教的荒诞不经。伏尔泰声称孔子所传授的是“一种毫不招摇撞骗的最纯洁的道德”，“孔子绝非先知，他从不自称受神灵启示，他只承认应不断克己；他只著哲理之书，而中国人也只把他视为哲人……他所说的每一句话，都关联到人类的幸福”。[①]伏尔泰尤其推崇中国的科举制度，认为这种以严格考试的方式，通过个人品德才干遴选官员的制度可以选拔出优秀的人才，而由这些选拔出来的人组成的政府是人类精神所能想象的最好的政府。李约瑟对孔子首倡并为后世中国所实践的“学而优则仕”给予了高度评价：“‘学而优则仕’这个概念，首先提出来的是中国，而不是法国或任何其他欧洲国家”，“确凿的证据说明文官的公开考试制度是西方国家在19世纪有意识地从中国学习来的”。[②]

① 伏尔泰：《论风俗》，转引自许明龙编《中西文化交流先驱——从利玛窦到郎世宁》，东方出版社，1993，第311页。

② 李约瑟：《四海之内》，劳陇译，生活·读书·新知三联书店，1987，第25～26页。

孟子的“民为贵，社稷次之，君为轻”(《孟子·尽心下》)等民本主义思想，也曾一度成为启蒙思想家反对宗教神权和专制王权的有力武器。百科全书派的代表人物狄德罗和霍尔巴赫就十分推崇孟子的思想。他们赞扬孟子的仁政思想和以德治国的理念，试图借助孔孟儒学抨击法国的封建神学及专制制度。在《百科全书》中，狄德罗撰写了“中国”和“中国哲学”两个条目，对中国及孔子学说极力赞美。

此外，孟子对农业生产的重视还对法国重农学派的以农为本等主张产生了重要影响。莱布尼茨是西方第一位坚信中国文化对西方文化发展有利的哲学家，他首倡在欧洲开展对汉学的专门研究。通过和来华传教士的交往及阅读他们翻译的儒家典籍，他对中国传统文化产生了浓厚的兴趣，并大加推崇：“我们从前谁也不信在这个世界上，还有比我们伦理更完善的立身处世之道、更进步的民族存在，现在从东方的中国，竟使我们觉醒了。”他还在《中国近事》序言中建议：“鉴于我们道德急剧衰败的现实，由中国派传教士来教我们自然神学的运用与实践，就像我们派传教士去教他们由神启示的神学那样，是很有必要的。”[①]

儒家思想对西方政治方面也产生了一定的影响。雅各宾派

① 李晓偲、樊勇：《17—18世纪的儒学西传及其对欧洲哲学的影响》，《昆明理工大学学报》2008年第10期，第69页。

领袖罗伯斯庇尔在他 1793 年起草的《人权和公民权宣言》第六条中就引用了孔子的格言，原文摘录如下：“自由是属于所有的人做一切不损害他人权利之事的权利：其原则为自然，其规则为正义，其保障为法律；其道德界线则在下述格言中：己所不欲，勿施于人。”①

18 世纪的中国热虽然涉及欧洲的各个方面，但必须清楚一点，欧洲人了解的内容多局限于耶稣会士的儒家经典翻译、书信和报告，因而不可避免地存在着对儒家思想这样或那样的误读。

① 罗伯斯庇尔：《人权和公民权宣言》，转引自董云虎、刘武萍编《世界人权约法总览》，四川人民出版社，1990，第295页。

第四章

道家（道教）思想

第一节　道家与道教

道家和道教在古代常被混淆，在当前，研究者更关注二者的区别。根据当前学术界的通常说法，道家作为一个学派，以先秦的老子和庄子为代表。一般认为，道教成立于东汉末年，在继承道家黄老思想和《老子》《太平经》等经典基础之上发展而来，通过吸收传统的自然崇拜、先秦道家老庄哲学、儒学与阴阳五行思想等，形成了以长生不死的神仙信仰为主要特征的中国本土宗教。由道家到道教，大体经历了先秦道家学派、黄老学派和道教的创立三个阶段。

一、先秦道家学派

道家学派以“道法自然”为特征，其代表人物首推老子和庄子。

（一）老子与《道德经》

关于老子的生卒年，史料记载不详，且多有争议。根据当前学术界流行的说法，老子是楚国苦县（今河南鹿邑）人，比孔子年长，以其名命名的书《老子》也被称为《道德经》。通过梳理与老子相关的其他说法，可以对老子其人及其思想有个大概的了解。据司马迁在《史记·老子韩非列传》中的记载，老子姓李名耳，是管理周王室藏书的史官，后因躲避战乱，离周隐去。关于老子离世的时间，《史记》认为是老子出关后，“莫知其所终”（《史记·老子韩非列传》）。传说则认为老子长寿，约一百六十岁或二百岁。据传，老子曾出函谷关，遇见关令尹喜，被强留著书，于是作了五千余言的书，分为《道经》《德经》两篇，因而被称为《道德经》或《老子》。《道德经》虽仅五千余字，但内容丰富，围绕着“道”构筑了包括宇宙、社会、人生等多方面的庞大思想体系。其言简意赅的行文风格，也为后人留下了无尽阐释的空间。

老子的重柔思想，在“齿亡舌存”的典故中得以集中体现。据西汉刘向记载，老子的老师常枞病重，老子前去探望，聆听最后教诲。老子请教道：“先生有什么遗教要留给学生？”常枞说：“既然你已经来了，即使你不问，我也会说的。”接着，他问老子：“你知道为什么经过故乡要下车吗？”老子回答说：“经过故乡要下车是让我们不要忘记过去和根本吧？”常枞说：“你说对了。”接着他进一步发问：“见到高大挺拔的树木要快步上前，你知道为什么吗？”老子回答说：“看到乔木迎上去，是不是提示我们要尊敬老人？”常枞说：“回答得对！”接着，他张开嘴，问老子：“我的舌头还在吗？”虽然纳闷，老子依然回答道：“在啊。”“那牙齿呢？”常枞接着发问。老子回答：“没有了啊。”“那你知道我要告诉你什么了吗？”老子恍然大悟：“舌头还存在那是因为它柔软啊，牙齿没有了，是因为它过于刚硬，对吧？”常枞说：“你说得很好。天下的道理你都明白了，我没有什么可以再传授你的了。”（《说苑·敬慎》）

这一典故所体现的贵柔思想在《道德经》中进一步理论化。老子在《道德经》中这样写道：“人之生也柔弱，其死也坚强。草木之生也柔脆，其死也枯槁。故坚强者死之徒，柔弱者生之徒。是以兵强则灭，木强则折。强大处下，柔弱处上。”（《道德经》第七十六章）也就是说，人在活着的时候，身体是柔软的，到死的时候就会变得僵硬。蓬勃生长的草木是柔韧的，失去生命力的时候就会变得僵硬枯干。所以说僵硬刚强是死亡的征兆，柔弱绵软是生命力的象征。同样也表明，强暴的军队容易灭亡，坚硬的树木容易折断。强大的处于衰落期，而柔弱者处于上升期。

老子贵柔，因而推崇水不争而利万物的品格，认为“上善若水。水善利万物而不争，处众人之所恶，故几于道。……夫唯不争，故无尤”（《道德经》第八章）。老子赞扬不争这一品格，认为这是圣人之道的集中体现。老子所谓的不争，与其强调的“道常无为而无不为”（《道德经》第三十七章）一样，指的是不去人为地、处心积虑地为自己争夺土地、人民和官爵，保持谦让的态度，反而会赢得别人的尊敬，达到“天之道，不争而善胜”（《道德经》第七十三章）的境界。

老子重“道”。“道”是老子思想的核心，内涵极其丰富，其突出特征有三。老子认为，首先“道”是宇宙万物的本源。“道生一，一生二，二生三，三生万物。”（《道德经》第四十二章）万物由“道”化生而来，“道”是“天地之始”“万物之母”，具有超形象性，“道”不是其物，它无形无象，不可感知。他把“道”作为天地万物的本原，“道”先天地而生，自古已存，自本自根，这在中国思想史上具有极其重要的意义。其次，“道”是普遍规律，无处不在，无所不包。在老子那里，“道”虽然虚而无形，却真实存在于它所创造的万事万物中，支配着事物的发展变化。老子在揭示事物发展规律的时候，体现了明显的辩证法思想，其中最重要的就是中国人耳熟能详，直到今日仍然深刻影响中国人思考判断的“物极必反”规律。譬如，“祸兮，福之所倚；福兮，祸之所伏”（《道德经》第五十八章）。在人生中，“祸”与“福”相依相生又对立转化，因而对于祸福得失要保持一种平常心。这一思想在“塞翁失马，焉知非福”（《淮南子·人间训》）中得到充分论证。老子的祸福观时刻提醒人们清醒认识人生中的顺境与逆境，在顺境中常怀思危之心，在逆境中看到希望之光。最后，“道”是自然存在，与人道对立，追求清静无为。老子说：“人法地，地法天，天法道，道法自然。”（《道德经》第二十五章）“自然”就是将人为等外力因素排除在外，按照其自身规律自由发展，从而实现“无为而无不为”的理想境界。“是以圣人居无为之事，行不言之教。”（《道德经》第二章）“法自然”思想表现在国家治理上就是清静无为。显然这和儒家的“道”有明显的区别。尽管儒、道两家都讲“道”，但二者的“道不同，不相为谋”（《论语·卫灵公》）。

（二）庄子与《庄子》

庄子，名周，战国时期宋国蒙（今河南商丘）人。他的学说继承老子，体现在《庄子》中。据司马迁《史记》记载，“其学无所不窥，然其要本归于老子之言。故其著书十余万言，大抵率寓言也”。可见他对道家理论贡献颇多，通常与老子并称

庄子

为“老庄”。《庄子》一书并非庄子本人独创，而是道家文献汇编。现存三十三篇是经郭象删定的，其中内篇七、外篇十五、杂篇十一。《庄子》一书不仅思想丰富，体现了庄子的自然观、人生观、政治观和处世哲学，而且在表现方法上，多以寓言说理，其浪漫主义的写作手法和辛辣讽刺的笔调对后世文学创作有重要影响。天宝元年（742年），唐玄宗封庄子为“南华真人”，尊其书为《南华真经》。

《逍遥游》是《庄子》一书的首篇，与《齐物论》共同构成了庄子哲学思想的核心。先秦道家避世保生主要有两种表现：一是《论语》中经常出镜的为了保全生命，遗世独立、隐居山林的隐者；二是庄子倡导的从现实世界逃到精神世界，追求精神上自由的逍遥游者。庄子认为，要实现精神上的逍遥自在，最主要的是不为外物所累。他首先通过对比凭借风力可飞达九万里高空的大鹏和甚至从这棵树飞不到那棵树的蜩与学鸠，指出它们不仅在形体上有大小之别，而且在认识上也有大知与小知的差别。接着，举了列子能够乘风而行的事例，指出虽然列子可以不用走路而自由行动，但他仍然依赖风这一外力，因而也不是绝对的自由和幸福。庄子最后指出，只有摆脱对外物的依赖，才能实现精神上的自由快乐。“若夫乘天地之正，而御六气之辩，以游无穷者，彼且恶乎待哉？故曰：至人无己，神人无功，圣人无名。”（《庄子·逍遥游》）庄子对自由的追求在《史记》中也有所体现。楚威王听闻庄子贤能，派使臣带着丰厚的钱财去拜访，并许以相位请他出仕，但被庄子拒绝。庄子以用来祭祀的牛作喻，表明自己不会为了高官厚禄，为君主所役使，失去自由和快乐。

《齐物论》是《庄子》一书的第二篇，由五个相对独立的故事组成，共同表达了一个主题，即齐物我、齐是非、齐生死，实现万物相通为一。具体说来，就是虽然事物从表面上看千差万别，有美丑、贫富、生死等差别，但从“道”的角度看，万物所体现的真理是一样的。因而没有必要争论是非，分辨彼此。庄子在《齐物论》中详细阐释了这一观点：如果你我进行辩论，你胜过了我，我没有胜过你，这能证明你的观点就是正确的，我的观点就是错误的吗？同样，如果我胜过你，你没有胜过我，这能说明我的观点就是正确的，你的观点就是错误的吗？你和我都不能决定，我们两人中间是否有一个是正确的。或者都是正确的？或者都是错误的？人们都会受自身片面观点的影响，我又能让谁来判定是非呢？如果让和你意见一致的人判定，既然已经和你一样了，又怎能判定？同样，让和我观点一样的人判定，既然已经和我一样了，又怎能判定？如果让和我俩观点不同的人判定，既然已经和我们的观点不一样了，又怎么决定？如果让和我俩观点相同的人判定，既然和我们相同，又怎么能判定？

显然庄子认为，人们受自身立场的限制，看待事物的观点是片面的，因而通过辩论来定是非没有任何意义。同样“我”与“非我”的区别也是相对的，因而他进一步提出，用“道”的观点，用超越具体的、有限的观点来看事物，实现万物的“通为一”。

庄子在看待生与死的问题上，也达到了齐生死的超越境界，以庄子“鼓盆而歌”的典故为例。庄子的好友惠施在得知庄子的妻子死后前去吊丧，却震惊地发现，庄子蹲坐在地上，鼓盆而歌。惠施非常不满地说：“你真是太过分了，你的妻子伴你左右，为你生儿育女，现在死了，你不哭也就罢了，怎么还能鼓盆而歌？！”庄子回答说：“不是这样的，她刚死的时候，我怎能不悲伤？但是我想到对于人来说吧，本来无生、无形、无气。后来随着变化有了气，气又变化产生形体，形体变化进而产生生命，今天又变化成死亡。这和春夏秋冬四季运行是一样的。死去的人安然卧于天地之间，我却围着她痛哭不止，我觉得这是不知天命，所以就不哭了。”

二、汉初黄老学派

汉代之所以能成为中国历史上的第一个盛世，黄老之术功不可没。司马谈的《论六家之要旨》将汉初黄老道家的思想概括为“因阴阳之大顺，采儒、墨之善，撮名、法之要”（《史记·太史公自序》）。显然，这表明汉初黄老道家侧重用天道自然的思想，来揭示安邦治国的道理。黄老道家思想并非先秦道家学说的简单重复，而是根据时代需求所进行的继承和创新。吸收了儒家、墨家及名家、法家在国家治理方面的一些积极做法。一方面，不毁仁非义、不排斥法律，而是效法天道自然，建立了一套完备、稳定的法律制度，确保百姓和官员有规可依。另一方面，强调清静无为、与民休息，纠正秦代暴政苛法过度透支民力的弊病。

黄老之治作为国策被汉初君主奉行始于曹参入相。相传，曹参担任诸侯国齐国丞相时，曾拜黄老学者盖公为师，学习黄老之术，并以之治理齐国，被百姓拥护，尊为贤相。汉惠帝时，曹参接替萧何做了汉朝中央政权的丞相，继续奉行无为而治，所有政事都按萧何制定的法规和惯例执行，他自己则日夜饮酒，很少过问政事。汉惠帝对此甚为不满，令曹参的儿子规劝，曹参不仅不听，反而责打儿子。于是汉惠帝亲自出马，责问曹参。曹参反问：“请问陛下觉得自己的德行与高祖相比如何？”汉惠帝回答说：“朕怎敢与先帝相比。”曹参接着问道：“那陛下觉得我与萧何相比，谁更贤能？”汉惠帝答曰：“似乎你也不如他。”曹参说：“陛下圣明。先帝和萧何在立国之初制定了完备的法律。陛下您奉行无为而治，臣等效仿安分守己，严格遵照以往法规执行就是了。”这就是历史上非常著名的成语典故“萧规曹随”。

无为而治在汉文帝、汉景帝及汉武帝初期被切实执行离不开窦太后的支持。窦太后一方面积极施加影响，在君主、太子和近臣中推广黄老之术。据史书记载，“窦太后好黄帝、老子言，帝及太子、诸窦不得不读《黄帝》《老子》，尊其术”(《史记·外戚世家》)。在窦氏的影响下，文、景二帝皆奉行黄老之术治理国家，轻徭薄赋、与民休息、清静无为，使得生产得以恢复，人口迅速增加，国家日益富裕，百姓安居乐业，出现了“文景之治”。另一方面，又严厉打击攻击无为而治、主张用儒家思想治理国家的政府官员。如汉景帝时期，窦太后曾询问辕固生对《老子》一书的看法，辕固生贬道扬儒，说该书是下等人的言论，因而惹怒窦太后被投入野猪圈，险些丧命。汉武帝初期，主张推崇儒术的大臣，如丞相窦婴、太尉田蚡、御史大夫赵绾等，皆受到窦太后的迫害和打击。

黄老之术在文景时期达到鼎盛，持续七十余年，直到窦太后去世后，汉武帝才开始独尊儒术、重用儒者。随着儒家思想的崛起并成为治国的主导思想，黄老之学在治国中的作用逐渐减弱。受汉代追求长生、求仙等社会风气的影响，黄老之术在汉武帝独尊儒术后，进一步与神仙信仰相结合，开始由治国思想向个人修道求仙转变。

三、道教的创立

东汉末年，随着黄老学说与传统神仙信仰、古代巫术、神仙方术的进一步融合，以不死的神仙信仰为主要特征的中国的本土宗教——道教逐步确立。其中最为著名的是东方的太平道和西南地区的五斗米道（后演化为新天师道，成为道家正一道）。

（一）张角与太平道

东汉末年，巨鹿人张角创立“太平道”。张角自称大贤良师，以《太平经》和黄老思想作为自己的教义，建立教团，并根据《太平经》将自己创立的黄老道教派组织命名为“太平道”。张角奉行的道教经典《太平经》是流传至今最早的道教经典，其内容庞杂，核心内容是“去乱世，致太平”。《太平经》首创六级神仙系统：一为神人，二为真人，三为仙人，四为道人，五为圣人，六为贤人。

东汉末年，灾疫流行，太平道布道的主要方式是通过给人治病来扩大影响。十余年间，信徒增至数十万。随着势力的增大，太平道中开始流传“苍天已死，黄天当立，岁在甲子，天下大吉”的口号，隐喻太平道将取代东汉王朝，建立黄天太平社会。184年，张角谋划起义的事情败露，汉灵帝下令追捕张角，诛杀太平道教徒。张角急令三十六方同时起义，追随者皆以头戴黄巾为标志，史称“黄巾起义”。经过十多个月的激战，黄巾军被残酷镇压，太平道创始人张角亦在起义中病死，太平道从此销声匿迹。

（二）张道陵与五斗米道

东汉时期，沛国（今江苏沛县）人张道陵在西南地区创立五斗米道（因入道者须交五斗米而得名）。关于张道陵的生平事迹，史书和道教经典记载不多，且多神话传说。据传，张道陵在汉顺帝时，与弟子入蜀，学道于鹤鸣山。张道陵在巴蜀一带行医传道，能治病救人，信众迅速增长。张道陵自称“天师”，其子张衡称“嗣天师”，其孙张鲁称“系天师”，由三张创立

张道陵

并传承的教派也被称为天师道。

五斗米道神化老子和《道德经》，尊奉老子为教主，以《道德经》《老子想尔注》（相传为张道陵或张鲁编撰）为主要经典，通过符箓、斋醮等方术传播，以长生不死和成仙为最高追求，在下层百姓中有广泛吸引力。五斗米道道徒的组织很严密。张鲁在巴、汉地区推行五斗米道时，建立了以“治”为管理单位、政教合一的政权近三十年。215年，张鲁降曹魏，五斗米道北迁，转入相对停滞状态。第四代嗣师张盛真人，率部重返老祖天师修道炼丹旧址——贵溪龙虎山，以“正一经”为主要奉持经典，开坛传箓，此后正一天师道的六十代天师皆以此地为活动圣地。

四、道教的发展

魏晋时期，统治者受黄巾起义影响，对道教采取压制的措施，直到东晋以后，道教才得以复苏，在各个阶层特别是上层门阀士族中得到更广泛的传播。在下层百姓中间，道教获得更广泛的群众基础，以宗教为旗帜组织起来的起义在各地纷纷爆发；在统治阶级内部，以服食还丹金液为“仙道之极”的丹鼎道派逐渐受到推崇；五斗米道在东晋之后复苏，东晋南北朝的许多门阀士族也都成为道教信徒。北魏时，嵩山道士寇谦之对五斗米道进行改造。他以《云中音诵新科之诫》为改革法典，废除旧道法，创立了以礼拜求度为主，以服食为辅的“北天师道”。在寇谦之的努力下，天师道在北魏得到官方的承认和支持，并兴盛起来。南朝的陆修静整理道教经典，编撰道教斋戒仪范，对天师道进行了改革，其教派被称为“南天师道”。其再传弟子陶弘景是上清派的重要传人，通过总结上清派的修炼方法，以神仙道教改造旧天师道，于永明十年（492年）正式归隐茅山，创立茅山派。

隋唐是道教发展的繁荣时期。尤其是唐代，道教得到前所未有的尊崇。唐王朝和道教有着千丝万缕的联系。道教的谶语“当有老君子孙治世”为李渊起兵和唐王朝的建立提供了舆论支持。道教徒在唐王朝的建立中也立下了汗马功劳，因而高祖李渊建立唐朝后，便尊老子李耳为始祖，奉道教为国教。唐高祖于武德八年（625年）规定三教的序位：道教在先，儒教为次，佛教为末。先秦道家著作甚至被纳入科举考试的内容，如唐高宗于咸亨五年（674年）在明经科考试中加试《道德经》，唐中宗于神龙元年（705年）令天下贡举之士兼习《道德经》。唐玄宗是著名的崇奉道教的皇帝，在其统治时期，道教迎来发展史上的极盛时期。唐玄宗不仅在科举考试的内容中增加道教经典，还专门设立道举，立玄学博士。这就打破了儒家经典独霸教学内容和科举考试的局面，使得道教经典在科举考试及学校教育中有了立足之地。一反武则天先佛后道的政策，唐玄宗继续奉行唐初崇道抑佛的政策，推崇老子思想，认为它是六经之上，百家之首，尊《老子》为《道德真经》，亲自注疏，并颁布全国，还下诏令"士庶家藏一本，劝令习读"(《龙角山记·唐明皇诏下庆唐观》)。玄宗还于开元二十九年（741年）设崇玄学，教授学生老庄列文。玄宗后期，每晚都要顶礼膜拜老子，并且不断加封爵号给老子。如天宝二年(743年)尊"玄元皇帝"为"大圣祖玄元皇帝"，天宝八载（749年）进一步追封"圣祖大道玄元皇帝"。除了老子，先秦道家的其他人物也都得到了封号。如诏封庄子为"南华真人"，尊其书为《南华真经》；封文子为"通玄真人"，尊其书为《通玄真经》；封列子为"冲虚真人"，尊其书为《冲虚真经》；封庚桑子为"洞零真人"，尊其书为《洞零真经》。唐代帝王崇道，多出于政治需要，是为其封建统治服务的。正所谓"上有好者，下必甚焉"，在唐代还出现了女冠这一特殊群体。唐开元年间"天下观一千六百八十七，道士七百七十六，女冠九百八十八"(《新唐书·百官志》)。唐代公主也热衷入道为冠，入道公主有十四(《新唐书·公主传》)。从安史之乱开始至北宋初年，社会动荡，许多精通儒家经典的知识分子归隐山林，入山修道，为道士群体注入了新鲜血液，也使道教的内容发生了改变，推动了宋代道教与儒、佛的结合。

宋元时期，道教进入发展变革的新阶段。宋元时代，道教各教派顺应三教融合的大势，倡导三教同源一致，极力融合佛、儒思想，使此时的道教学说带有三教融合的显著特色。心性问题成为儒、道、佛共同探讨的问题。

经过唐末的战乱和五代十国的分裂，北宋政权的建立结束了中国历史上的又一个分裂时期，社会政治经济逐步恢复，统治者重文轻武的治国理念也促进了社会文化的高度发展。这一时期，北宋统治阶层延续儒道佛兼容的政策，对于道教的崇奉和扶持也在一定程度上推动了道教文化进一步发展。就北宋一朝来看，宋真宗与徽宗的崇道政策是该时期内道教发展的两次高潮。宋真宗经历“澶渊之盟”后，外部的威胁相对缓和，内部统治日益巩固，社会经济也渐趋繁荣。于是，他仿效唐代帝王宗祖老子的做法，从道教的神仙体系中另立赵玄朗作为宗祖，并将年号改为“大中祥符”，以此将道教与赵宋政权更加紧密地连在一起。宋徽宗时期，他与真宗一样托“天神下凡”而重道崇道，甚至以道教教主“道君皇帝”自居；他为神仙人物加封赐号，仿照世俗官吏品阶而设立道官道职，此时的道教几乎成为国教。在文化方面，宋徽宗又倡导学道经，设立道学制度和道学博士，编修了《万寿道藏》，并主持了中国官修的第一部全面叙述道教历史的《道史》。好景不长，随着“靖康之乱”和北宋的灭亡，道教的发展戛然而止。

南宋金元时期是中国道教史上的又一转折时期。由于南宋偏安东南一隅，形成了与金、元（前期为蒙古）南北对峙的形势，道教内部开始分化兴起，各自成宗立派。南宋道教在原有的天师道、上清派、灵宝派三山符箓之外，分别衍化派生出例如神霄派、清微派、天心正法派、东华派、净明派等。其中，由白玉蟾创立的金丹南宗成为较有影响的代表派系之一。南宋理宗嘉熙三年（1239 年），诏封正一始祖张道陵真君号，第三十五代天师张可大提举三山符箓，正一道开始统领了南方诸多符箓派系，并在元代正式成为中国道教的两大教派之一，影响至今。

由于战乱和阶级压迫等外在因素，出于对道教成仙信仰和相对安稳的道观生活的向往，很多的南宋遗民、破落儒士和落难民众加入道教的信众中，间接为道教的发展补充了新鲜血液。金世宗时期，金与南宋订立合议，此后的三十余年相对缓和稳定，金的统治达到了鼎盛。萧抱珍创立的太一道、刘德仁创立的真大教、王重阳创立的全真道在北方兴起发展。但在金初期创立的三大新道派中，也只有最晚兴起的全真道流传至今，影响最大。全真道的创始人王嚞，号重阳子，于金大定七年（1167 年）在山东宁海（今山东烟台牟平区）全真庵讲道时创立全真道。全真道主张道、释、儒三教合一，“不主一相，不拘一教”，其将内丹与禅的色彩彰显得极为浓厚。全真道的早期发展是以山东半岛为活动中心，随着金代皇帝的征召，全真道得以蓬勃发展。至金元、宋金交替的战乱中，全真道进入鼎盛。其臻于昌盛的转机，是掌教丘处机应蒙古成吉思汗之聘，“冒雪冲霜”，雪山会面。故而，有元一朝，全真道从北方向江浙闽粤发展迅猛。除上述正一道与全真道的发展之外，金元时期流传于民间的符箓小教派还有很多，大派下分支派，各派符法掺杂交错，五花八门。至元末，江南符箓诸派乃至全真道，实际渐趋融合，难分泾渭。[①]

明清两代是中国道教由兴盛走向衰落的时期。道教内部教派衍化基本停止，教义学说理论也基本停滞。有明一朝，道教在前期发展相对快速，很大程度上得益于明太祖朱元璋之后几位帝王的崇道政策，特别是在明世宗嘉靖时期，崇道达到了另一高峰。就道教内部来看，全真道与正一道分别呈现出不同的发展轨迹：全真道的发展相对元代政治地位大降，教团发展多受限制；正一道则独受明室的青睐，政治地位在道教教派中大有提升。明代诸帝的崇道，客观上导致道教内部的腐化和衰微，大大降低了道教的声望和影响力。

清代统治者信奉萨满教和藏传佛教，对道教管理则大致承袭明制，但远不如明皇室的重视程度。而失去了统治者扶

① 参见牟钟鉴、胡孚琛、王葆玹：《道教通论——兼论道家思想》，齐鲁书社，1991，第545页。

植的道教，发展只能更加趋向衰微。但是在道教教派的内部来看，清初的全真道在其龙门派高道王常月等人的努力下，以振宗兴教、恢复祖风、传戒弘教为己任，出现了一派中兴景象。但道教的整体衰落是大势所趋。这一时期，值得关注的是道教观念的世俗化、民间化更加突显，进而扩展了社会基础，也加强了对其他社会文化领域的渗透和影响。

鲁迅先生曾说过，“前曾言中国根柢全在道教，此说近多广行。以此读史，有多种问题可以迎刃而解”[①]。道教作为中华传统文化的重要组成部分，是中国本土传统文化土壤中长期孕育的思想文化。它与儒家、佛教相互分立，相互补充，对中华民族的民族性格和处世原则奠定了根基。道教为中国文化贡献了丰富的思想资源，它兼收并蓄，庞大繁杂，融含了易类、医家、音乐、建筑、杂家、诸子、地理、物理、化学、天文等丰富的思想内涵。同时，道教也吸收了中华民族的一些传统美德到自身的教律中来，如热爱和平、勤劳善良、克己助人、自在洒脱等，都在道教中得到了很好的继承和发展。所以没有道教的中国文化是不完整的。[②]近两千多年的发展过程中所形成的道教文化对中国哲学、思想、文学、艺术

① 鲁迅：《鲁迅书信集》上卷，人民文学出版社，1976，第18页。

② 参见冯达文、郭齐勇：《新编中国哲学史》（上册），人民出版社，2004，第397页。

乃至科学、医学等都做出过重大贡献。

五、道教教派概说

道教组织形式最初为民间教团，流派复杂，包括五斗米道、太平道等。宋代马端临将道教概况描述为："道家之术，杂而多端。盖清静一说也，炼养一说也，服食又一说也，符箓又一说也，经典科教又一说也。"（《文献通考·经籍考》）这一概况基本包含了当时道教有影响力的主要教派。北宋以后，道教逐渐形成两大有影响力的教派：正一道和全真道。此外，还有真大道、太一道、净明道等教派并存。自明清以来，道教唯存正一、全真两大派，流传至今，形成了中国道教南正一、北全真的格局。这两大教派分别代表了道教中的符箓派和炼养派。

符箓派和炼养派对教徒的影响力可从世代供奉五斗米道的书圣王羲之家族的经历窥探一斑。王羲之本人奉事道教，舍宅为观，向往隐遁山林的生活，他还迷恋服食养性，曾与道士许迈修炼于深山，炼制丹药。王羲之的二儿子王凝之在担任会稽内史时，遭遇孙恩的起义军攻打会稽。他不积极排兵布阵，而是设置一个静室进行请祷，并自信满满地对请求备战的诸将说，他已经奉请高道仙师助佑，到时将会有鬼兵相助，贼人很快就会败退。王凝之最后落得城败与诸子同被杀的惨剧。王羲之第七子王献之在生病后，不请医生，而是请道师作法，书写表章，想通过忏悔己过求得天神的宽恕，去世时年仅四十三岁。可见，东晋时期士族上层社会信奉道教，多以符箓、炼养为主。

符箓派，即画符念咒派，是传统道教的重要派别。“三山符箓”指的是道教中的天师道和上清、灵宝派分别以龙虎山、茅山、阁皂山为活动中心所画的符箓。汉魏以来，符箓派长期占据道教的主流地位，并受到统治者的尊崇。道教创立初期，多以下层百姓为传教对象，针对当时百姓深受战争迫害，缺医少药，性命危在旦夕，急于寻找精神寄托，摆脱身体和心灵双重煎熬的现实情况，通过宣传符水咒语治病、祈福禳灾、役使鬼神、预测吉凶等道术，吸引信众支持。如道教初创时期的太平道、五斗米道。随着道教的创立和发展，符箓派在继续走下层路线的同时，开始更加关注统治阶层对祈福禳灾、除妖驱邪的需求，积极改革原有教派并创建新的符箓派别，以适应帝王和统治阶层的需求。南朝梁代陶弘景创立了茅山宗，以出家居道观修炼为主，同时重道教经典的研习。东晋南北朝时期创立的灵宝派以传播《灵宝经》而得名，注重祈祷请神、礼拜斋醮等道术。唐宋以来，南北天师道与上清、灵宝等道教符箓派逐渐合流，势力不断壮大。至北宋徽宗时，占据主流地位的符箓派道士已经相当腐化，引起士大夫与百姓的普遍不满。崇奉符箓派的徽宗兵败被俘及北宋的灭亡，使得符箓派受到沉重打击。随着两宋内丹派的兴盛，符箓旧派如正一派、上清派自发改革，将内丹理论引入本派。同时，两宋期间也产生了以内炼成丹、外用成法为宗旨的新符箓道派，如净明、清微、神霄等。正一派是符箓派中历史最为悠久的一派，其前身是五斗米道。北宋时，统治者逐渐重视正一派，北宋真宗于1015年封正一天师张正随道士的最高阶位“先生”，此后至南宋末几乎历代正一天师都会受封。元代天师道也颇受尊崇，大德八年（1304年），元成宗封张陵后裔张与材为“正一教主”，总领三山符箓，此后道教的符箓各派统称正一道。明代时，正一道受到格外推崇，成为全国道教的统领。明代帝王沉迷道教方术，正一道貌似繁盛，但因缺乏严格的道观制度和戒律意识，内部腐化日益严重。清代时，正一道的政治影响力进一步减弱。

炼养派道教对统治者的吸引力则在于满足统治者对永享富贵、长寿、永生、得道成仙的追求。道教以擅长修道、追求长生著称，创建了体系庞大的养生理论。魏晋时期道教的重要经典《西升经》强调“我命在我，不属天地”，强调通过个人修炼，达到延年益寿、长生不死的目的。炼养术大体分为四个方面：一是导引术。道教重要经典中就已经提出：“吐故纳新、熊经鸟伸，为寿而已矣。此导引之士，养形之人，彭祖寿考者之所好也。”（《庄子·刻意》）显然，导引术最主要的特征就是通过肢体运动，配合呼吸吐纳，以追求长寿。八段锦、五禽戏等是导引术的重要代表。魏晋以来有不少求仙者修炼此术，此术虽有养生强体之效，但在长生成仙上并未产生明显实效，逐渐丧失宗教诱惑力。二是服食，就是通过服用具有明显补养功效的食物和草木类药物，达到健体养生的目的。主要的服食药物有天门冬、茯苓、黄精、地黄、杏仁、松子等。这些药物，大多有补肝益肾、健脾安神、益气养阴的作用。在历代道医的努力下，到宋元时期，道教对能够抗衰延年的药物和方剂的研究，已经达到了很高水平。三是外丹，即通过服食丹药，以实现长生不死的目的。以东晋葛洪为代表的丹鼎道派将金液还丹作为学仙修道的第一要紧之术，在其著作《抱朴子内篇·金丹》中专论服食、烧炼还丹，兼论作金。唐代为道家外丹的黄金期，仅唐朝迷恋丹药中毒而亡的皇帝就有五位，此外，很多皇室贵族和达官贵人也都热衷于服食丹药。韩愈在《故太学博士李君墓志铭》中，就记载了太学博士李于、金吾将军李道古、工部尚书孟简等服食丹药致死的案例。唐代著名文人，像李白、白居易等，对炼丹术也有浓厚的兴趣，还亲自尝试烧炼、服用金丹。唐代还出现了专门为皇宫炼制丹药的"供奉山人"，名气大的炼丹师如柳泌等，则被封为翰林待诏，有的炼丹师甚至官至公卿，如叶法善。四是内丹养生。由于冶炼的"仙丹"中常混有铅和汞等有毒物质，至北宋时期，张伯端（号紫阳）撰写《悟真篇》，道家修仙理论开始专注内丹。内丹家的修炼方法向来神秘，文字中通常见不到详细的记录，而是以口诀的形式通过师承关系秘密传授，因而传播范围比较狭小。内丹以人自身的精气神为“药物”，以人体为丹炉，提倡不论男女贵贱，通过修炼口诀即可成仙。内丹养生重在以存思、静功和气法等方法炼养人体的精气神。张伯端创立的南宗炼养派，融合佛教禅宗思想，提出先命后性、性命双修的内丹炼养法门。具体说来，就是修丹之人从传统的内丹修命之门入手，用自身的精气为药物，以元神所生真意为主人，最后达到无生空寂、神通妙用之境界。金元之际，王重阳以清心寡欲为修道之本，创建“全真道”，开创了北宗炼养派，主张性命双修、先性后命的内丹修炼。简而言之，先性后命包含两方面内容：一是修行顺序上，先教人收心降念，做清净心地的心性功夫，然后静坐调息，保命修行；二是修行的重要性上，重性轻命。正如《长春祖师语录》所指，本派内丹功是“三分命术，七分性学”，全真道在修炼方面，效仿禅宗的打坐、参究、机锋等。王重阳先后收徒七人，史称“全真七子”。这七大弟子分别是马钰、谭处端、刘处玄、丘处机、王处一、郝大通、孙不二。七人弘扬师教，各立宗派，后来成为全真道兴旺发展的主要力量。丘处机应蒙古成吉思汗的召见，跋山涉水去拜见，得到成吉思汗的礼敬，为全真道在元代的兴盛奠定了基础。全真道在元代达到极盛，传遍南北，并吸引南宗教团纷纷合流于全真门下。元代帝王不仅册封全真道所尊崇的五祖为真君，还将全真七子封为真人，极大提升了全真道的政治地位。明代统治者推崇正一道，认为全真道只关注修一己性命，无益于统治，因而不重视全真道。清代全真诸派中唯有龙门派呈中兴之象。

第二节　道家（道教）思想与中国精神

道教作为本土宗教，虽正式创建于东汉末年，但究其渊源，可追溯至古代的巫文化、先秦老庄思想、神仙信仰、秦汉黄老思想和方仙道等，在其发展过程中，又不断融合儒家、墨家、阴阳家、佛家的相关思想，形成了独具特色的道教文化。日本近代著名的中国问题研究专家橘朴说："要想理解中国人，首先必须要理解道教。"①英国研究中国科技史的专家李约瑟也说过："中国人性格中有许多最吸引人的因素都来源于道家思想。中国如果没有道家思想，就会像是某些深根已经烂掉

① 橘朴：《通俗道教》，载《橘朴著作集》第1卷，经草书房，1966，第91页。

了的大树。”[1] 道家生于斯，长于斯，以润物细无声的方式滋养着中国人，与儒家、佛家一起塑造了中国人的民族性格、道德品格和处世方式。

一、道家思想对中国人世界观的影响

道家认为道在天地生成之前就已经存在，既是世界万物的本原，又是构成世界万物的本体。道以自然无为为本性，以利万物为特征。正如老子所说，“天之道，利而不害”（《道德经》第八十一章）。对“道”的认识使得道家看问题的视野很大、很高。道家将天下为公提升到一个新境界，强调不仅要利天下人，还要利天下万物，从而也塑造了中国人看问题的大视野和大格局。“楚人失弓”的故事，就是对道家天下为公思想的很好阐释。故事大意如下：有个楚国人发现自己丢失了一张弓，却不去把它找回来。别人感到奇怪，问他为什么不去找。这个人回答：“丢失弓的是楚国人，捡到的也是楚国人，又何必去找呢？”孔子听说了这件事情后，感叹道：“如果他去掉‘楚国’就好了。”老子听说这件事及孔子的评价后，进一步指出：“如果再去掉‘人’字就更恰当了。”因而《吕氏春秋》评价说，老子才是“公”的最高境界。道家

① 李约瑟：《中国科学技术史（第2卷）·科学思想史》，科学出版社，1990，第178页。

之所以在看问题时具备大视野，是因为其以天地为效仿对象，虽强调公，但并不否认私，主张人应通过效仿天地的无私，成就自己。正如老子所言，“天长地久。天地所以能长且久者，以其不自生，故能长生。是以圣人后其身而身先，外其身而身存。非以其无私邪？故能成其私”（《道德经》第七章）。也就是说，天地是长久存在的。天地之所以能够长久存在，是因为它们的运行不是为了自己，所以能够长久。因此，圣人虽然将自己摆在后面，反而让自己占了先；危险时，将自己的生死置之度外，反而保全了自己。这些都是因为不自私，反而成就了自己。道家虽然强调仰望星空，但亦重视脚踏实地。“合抱之木，生于毫末；九层之台，起于垒土；千里之行，始于足下。”（《道德经》第六十四章）道家将大视野、大格局落实到具体实践中，成就了中国人的浪漫主义情怀和脚踏实地的作风。

道家认为“道”还是天地万物发展变化的规律。天地万物在“道”的支配下处于发展变化中，这些运动变化的事物都存在对立统一的两个方面，当事物发展到一定程度必然向相反面转化。这一对世界万物发展变化的认识直接影响了中国人的辩证思维方式。《道德经》有一个显著特点，就是富含丰富的朴素辩证思维。老子在看待事物时，习惯以相对的概念，从正反两方面来说明，如“天下皆知美之为美，斯恶已；皆知善之为善，斯不善已。故有无相生，难易相成，长短相形，高下相倾，音声相和，前后相随”（《道德经》第二章）。同时，老子认为，对立面相反相成，相互依存，相互转化。如“祸兮，福之所倚；福兮，祸之所伏”（《道德经》第五十八章）。这一点在《淮南子·人间训》所记载的“塞翁失马”中得到充分阐释。这种从正反两方面看事物，以及相反面相互转化的思维方式，影响了后世中国人的思维方式，它与儒家思想一起，共同促生了中国人独特的忧患意识。居安思危、未雨绸缪等辩证思维和忧患意识不仅影响了古代人的执政观和思维方式，在当前中国人的现实生活中也随处可见。

二、道家思想对中国人价值观的影响

道教对中国人行善去恶的价值取向影响极大。儒家强调“慎独”靠的是个人的自觉，道教将对个人的善恶的奖惩引入了一个超强的制约机制，即凡人所做的一切，道教神灵尽知，因此会做出相应的奖惩。在道教的传说和劝善书中，有大量关于人因恶行而遭神灵惩罚的记载。道教的善恶观进一步塑造了中国人的慈善观。全真道强调内修真功，外修真行，并将外修“真行”作为得道的必要条件。所谓真行，就是常怀救济他人之心，行善积德，广施善行，并且引导善人入道修行等。

道家思想对中国人节俭观念的塑造也有影响。道家重节俭，老子倡导“去甚、去奢、去泰”（《道德经》第二十九章），认为“俭朴”是需要长期坚持和保有的“三宝”之一。老子之所以强调节俭，是因为“俭故能广”。厉行节俭，对于个人来说，可以修身节欲，保持纯真质朴的本质；对于国家治理来说，节俭可以控制统治者的欲望，减少对百姓的剥削和对邻国的攻伐，从而实现国家的安定和百姓的安居。可见，不论是治身还是治国，没有比节俭更重要的。汉初信奉黄老思想的汉文帝和汉景帝，身体力行奉行节俭。汉文帝平时自己穿比较粗糙的衣服，并且严格要求身边的人，即使宠爱慎夫人，也不允许她穿拖地的衣服，用绣花的帷帐。作为一国之君，汉文帝曾经想建造一座露台，因要花费大量的钱财而搁置。道家崇俭黜奢、知足不争的价值观念，不仅影响了古代帝王的治国理念和贤臣良将安民保身的行为方式，而且影响了历代普通的中国人。

对自然之美的崇拜是道家对中国人审美观的影响。“清水出芙蓉，天然去雕饰”的自然之美是中国人对美的追求的最高目标。道家以自然为美，庄子更是强调万物要各随其性。这在“梓庆削木为鐻”的故事中得到很好的诠释。庄子认为，最美好的东西就是那些顺应天性自然的东西。这一审美观已经渗透到中国人的审美意识中，体现在中国的诗词、绘画、书法、建筑等方方面面。此外，道家上善若水、以柔克刚、柔弱不争的思想，也塑造了中国人重和谐的价值取向。

三、道家思想对中国人人生观的影响

儒家和道家共同塑造了中国人的人生观。积极入世、勇于担当和消极避世、柔弱不争这两种看似彼此冲突的矛盾性格在中国人身上得到完美的结合。中国士人在人生得意的时候，往往以儒家的责任和担当意识作为日常行为规范，将先天下之忧而忧的责任意识发挥得淋漓尽致。然而在人生落魄、失意时，他们就会自然而然地转向道家，从中汲取获得心灵安定与平和的力量。人生的痛苦多出于过多的欲望、对名利等外在东西的过度追求，因而道家教人们知足，淡泊名利，不要为外物所累。老子一直强调知足的重要性，认为“知足者富”(《道德经》第三十三章)，“知足不辱，知止不殆”(《道德经》第四十四章)。老子用知足的观点，引导人们不仅要摆脱物质利益的束缚，也要超越精神上的功利思想，尤其是在功成名就后要效仿天道，不要贪恋权位，要懂得全身而退。范蠡和文种是越王勾践的股肱之臣，二人在功成名就后的不同遭遇，亦说明了全身而退的重要性。范蠡见好就收，发现自己有功高盖主之嫌，选择离开越王，隐姓埋名，白手起家，最终积累了巨额财富，过着逍遥快活的生活。文种不顾范蠡“鸟尽弓藏，兔死狗烹”的劝告，选择继续辅佐越王，最终被善妒的越王逼死。这也印证了老子的“祸莫大于不知足”的观点。庄子也说，人要善于驾驭外物，而不要被外物所束缚。人要过身心自由、摆脱束缚的人生，“此心安处是吾乡”，道家带给中国人的是身心的安宁与平和，是知足常乐地不为难自己。

道教贵生，不仅重视形体的健康，同时也关注精神、心理的健康。道家和道教思想重生命，求长生，形成了一整套系统而完整的养生观和切实可行的养生方法。

四、道教对中国人生活习俗的影响

作为中国的本土宗教，道教具有极强的群众基础，对中国人日常生活的影响随处可见。当前中国民间普遍流行的风俗及中华民族的传统节庆，很多都和道教有着千丝万缕的联系。具有中华民族特色的节日，如春节、七夕节、端午节、中元节、中秋节、重阳节、冬至等皆与道教有关。中国传统习俗，如春节敬灶神，贴门神、桃符及钟馗画像，闹元宵等，皆受道教的影响。

道教对中国人饮食的影响则主要体现在饮食理念、饮食习惯等方面。道教主张饮食宜熟不宜生、节食，提倡素食为主、控制荤腥等饮食原则，以及道教中的正一道重视药膳与食疗、道医主张“食疗”与“药疗”相结合的观念，把饮食养生引进治病养生的领域，影响了中国人素食为主、重视食补、关注药膳文化的饮食习惯。

第三节　道家（道教）的世界影响

随着对外交往的不断扩大，道家和道教的思想也逐渐走出国门传播到海外。道家和道教思想外传的途径主要有三种：一是派遣使臣或留学生到中国学习、主动引进道教，如朝鲜半岛地区、日本；二是伴随东南沿海移民的步伐，华人移居海外，从而将自身的道教信仰和道家思想带到海外，如日本、越南、泰国、菲律宾及西方国家等；三是通过道家和道教重要典籍的外译，将道家和道教思想传播到海外，从而推动了海外的道教研究，法国、美国、日本、德国、英国、荷兰、加拿大等国家的道教研究硕果累累。

一、道教在东亚的传播及影响

（一）道教在朝鲜半岛的传播及影响

道家思想早在3世纪就已经传入朝鲜半岛。据史书《三国史记》记载，当时《道德经》《列子·天瑞》已经在百济、新罗传播。道教正式传入高句丽是在7世纪唐朝武德七年（624 年）。当时，高句丽正处于荣留王统治时期。唐高祖李渊听闻高句丽人信奉五斗米教，于是派遣道士携带天尊像前往高句丽，为荣留王及其臣民数千人讲解《老子》。随后即位的宝藏王，主动向唐太宗奏请派遣道士前往高句丽传教。于是太宗亲赐高句丽《道德经》，并命叔达等八名道士前往传教。道教传入后，在高句丽王室中得以广泛传播。

新罗在外交上，采取亲唐政策，对唐朝推崇的道教也采取积极引入的态度。随着大量朝鲜半岛的人入唐求学，道教的经典被运回朝鲜半岛，在中国接触、学习道教的新罗人回国后，亦积极传播道教。留唐学人金可纪在中国拜师修道，并将所学传授给新罗人崔致远，从而开创了新罗道教的修炼传统。高丽时代，道教在朝鲜半岛的传播更为广泛，迎来发展史上的黄金时期。高丽历代帝王都崇奉道教，在全国各地建立道观，频繁举行各类斋醮仪式，禳除灾厄，祈求国泰民安。至 15 世纪朝鲜王朝时，道教在贵族和平民中广泛传播，初步形成斋醮科仪、内丹修炼、民间信仰三大流派。传入朝鲜半岛的中国道教，与当地信仰、国情相结合，逐渐完成本土化进程。

道教在朝鲜半岛的传播，高丽时代为全盛时期，除此之外，道教一直未能形成教团势力，仅仅局限于由王室支配的官方道教形式。尽管如此，道教仍对朝鲜半岛社会产生了重要影响。

道教对朝鲜半岛社会习俗的影响最为明显。守庚申信仰在高丽元宗时代传入，并以风俗的形式得以传播。高丽、朝鲜王朝时代，王宫中每年都要举行守庚申的活动，直到英祖时该项活动才终止，但民间仍然保留着这一习俗。

朝鲜半岛关圣帝君信仰源于中国道教。1592 年朝鲜半岛爆发壬辰之乱，援朝的明军将关圣帝君信仰传入朝鲜半岛。当时，朝鲜半岛国内建立了多处关王庙，武臣每年都会举行关圣帝君祭礼，商人和普通人家则将关圣帝君作为财神崇拜。关圣帝君信仰在朝鲜王朝一直颇为盛行。朝鲜半岛贴门神的习俗也来源于中国道教。高丽王睿宗笃信道教，修建了名为福源观的道观，并效仿中国道观，设置门神像。

道教对朝鲜半岛的医学有深刻影响。道教中的许多经典都涉及治病、健身、延年益寿等内容。道教在朝鲜半岛的传播，对朝鲜半岛的医学也产生了积极影响。朝鲜著名的医书《东医宝鉴》成书于 1610 年，由朝鲜医学家许浚编撰完成。该书对道教医学健身极为推崇，引用道教经典内容解释身体与精、气、神的关系。朝鲜王朝时期由朝鲜金礼蒙、梁诚之编纂的医方巨著《医方类聚》，引用了大量道教经典书籍如《修真秘诀》等。不仅如此，针对当代人心理危机日益严重的问题，韩国人李东植还创立了道家心理治疗学派。

（二）道教在日本的传播及影响

史书上关于道书在日本传播的明确记载最早见于《日本书纪》卷二十二。据载，推古天皇十年（602年）道书由佛僧观勒从百济带入日本。“冬十月，百济之僧朝觐来此，乃奏历本及天文、地理之书，并遁甲方术之书。”[①]百济僧人带到日本的遁甲方术之书，就属于道书的范畴。编于9世纪末的《日本国见在书目录》中记载了包含《道德经》在内的八十多种道书。虽然道书和道教思想很早就传入日本，但历史文献中很难找到有组织的教团形式的道教记载。日本考古挖掘的不少与道教关系密切的文物，如河内松冈山王后古坟和大和葛城郡新山古坟等出土的神兽镜，镜上东王公、西王母的神像及寿如金石等道教语言表明道教思想很早就传入日本，并对日本社会产生了一定的影响。

道教思想对日本政治的影响，在日本上层主持的系列改革中可窥一斑。603年，圣德太子设定“冠位十二阶”时，就吸收了一些道教内容。如将道家推崇的“大德”“小德”作为十二位阶之首，以紫色的冠帽作为大德、小德的象征，显然受道教尊德贵紫的影响。604年，圣德太子颁布的“宪法十七条”，虽深受儒学和佛教影响，但其中也穿插有“绝

① 转引自孙亦平：《以道书为线索看道教在日本的传播》，《南京大学学报（哲学·人文科学·社会科学）》2015年第1期，第135页。

圣弃智”“少私寡欲”等道家思想。孝德天皇于647年推出“七色十三阶”时，仍然将紫色规定为只有官位很高的大臣的衣服才能带有的颜色。天武天皇喜好道教，制定了“八色姓”，分别表示贵族阶层内部的八种身份。“八色姓”中的“真人”和“道师”都是道教用语。

道教对日本社会习俗的影响，多来自从中国或朝鲜半岛渡海到日本的移民。宋元之际，随着中日贸易交往的频繁，中国商人将妈祖与关帝信仰带到日本。侨居日本的商人和移民因思念故土和宗教信仰的需要，自发组织兴建寺庙、道观，供奉关帝和妈祖。

二、道教在西方的传播及影响

（一）道教经典在西方的传播

《道德经》作为道教的重要典籍，被译为英、法、俄、德、日等四十多种语言，其翻译数量居中国传统典籍外译之首。根据河南省社会科学研究院丁巍老师在《老学典籍考：二千五百年来世界老学文献总目》中的统计，《道德经》的英文本多达182种，法文本和德文本分别为109种和240种。[①]《道德经》不仅翻译数量多，而且长期占据西方最畅销的中国书

① 参见丁巍：《老学典籍考：二千五百年来世界老学文献总目》，社会科学文献出版社，2006。

籍的榜首。据联合国教科文组织统计，《道德经》是西方世界除了《圣经》以外流传最广的外文著作。第一个有影响力的法文《道德经》译本出现在1817年，由朱利安翻译。法国汉学家儒莲于1842年出版的《道德经》全译本，被认为是19世纪的最佳译本。对德国学者影响最大的《道德经》译本由新教传教士卫礼贤于1911年翻译出版。1868年，湛约翰翻译出版了第一个《道德经》的英译本，书名为《老子玄学、政治与道德律之思辨》，自此拉开了道家作品英译的序幕。20世纪之前的《道德经》西译主要由传教士完成，外译本带有明显的宗教色彩。20世纪以来，随着西方大量汉学家对道教经典的重视与译介，《道德经》开始在西方广泛传播，尤其是经过两次世界大战的洗礼，西方文化受到严重冲击与质疑，不论是汉学家还是普通读者，都试图从老子主张的道法自然和无为中寻求走出战争阴影、慰藉心灵的良方。

第二次世界大战结束以后，国际学术界形成了法国、日本、美国三个道教研究中心。法国的道教研究得益于19世纪上半叶出现的法兰西学院。1814年，法兰西学院开设了世界上第一个汉学讲座，由雷慕沙出任第一任汉学教授。1816年，雷慕沙发表了《太上感应篇》的法文节译本，打破了西方以《道德经》研究道家思想的惯例，开启了道教劝善书在欧洲的译介与传播历程，拓宽了欧洲人认识道教的途径。雷慕沙的弟子儒莲于1835年出版了《太上感应篇》的法文全译本，极大地丰富了劝善书的内容。汉学家马伯乐的著作《道教和中国宗教》被誉为“关于道教的最优秀的先驱者的著作”。不仅如此，在施舟人的努力和推动下，法国《道藏》在道教研究方面处于领先地位。

美国的道家研究虽起步较晚，但发展迅速。美国学者的道家研究内容丰富，既有立足典籍自身，探讨道家思想内涵的基础研究，又有根据社会需要，跨学科、多角度地从科技、文学、艺术等方面拓宽道家研究范围的创新性研究。道家典籍翻译、研究方面，比较有代表性的人物及作品有：魏鲁男的《庄子语录》(1963年)和《320年中国的炼丹术、医学和宗教：葛洪的内篇》(1966年)，尉迟酣的《道之分歧：老子和道教运动》(1966年)，鲍菊隐的《道教文献通论——十至十七世纪》(1987年)。随着时代的发展，美国人对养生和生态的重视程度越来越高，学者们立足时代需求，研究重点开始转向道家生态哲学和养生思想。如吉拉多特教授等人编辑的《道教和生态学：宇宙风景中的道》(2001年)，侧重挖掘道家思想所蕴含的生态哲学。他们还关注人与环境的和谐的关系研究，如丹尼斯·刘易斯的《自然呼吸之道：健康、幸福、内在的成长》等。

20世纪70年代以来，随着帛书《道德经》的出土，国内外出现了道教经典的翻译的研究热潮，进一步推动了道教在西方的传播。

（二）道家思想在西方的影响

道家思想热首先出现在德国。季羡林于 1946 年在《老子在欧洲》中写道："老子在欧洲，自来就走红运，没有另外一个中国哲学家可以同他比的，连在中国同他并称的庄子也望尘莫及。……同时，在德国以外的欧洲国家里，以前对老子虽也喜欢，但没有像德国那样发狂。"[①] 早在第一次世界大战结束后，道家思想热就席卷德国。道家热首先发轫于文学家和艺术家中间。1919 年，诗人科拉邦德发文《听着，德国人》，呼吁人们按照"神圣的道家精神"生活，要"做欧洲的中国人"。德国著名作家德布林自述，自己开始写作是受道家无为思想的影响。他于 1915 年发表的成名作《王伦三跳》，宣扬了道家无为处世的主张。德国剧作家布莱希特曾在日记中记载自己读《道德经》时，惊喜地发现自己的某些想法竟然与"道"不谋而合，在他的作品《四川一好人》《城市的密林》等中，明显透露着老庄思想的痕迹。此外，德国的哲学家和科学家对于道家思想也给予了极大的关注。德国哲学家斯宾格勒的《西方的没落》一书，体现了当时西方知识界对西方文化没落、衰败

① 季羡林：《老子在欧洲》，载《季羡林谈国学》，浙江人民出版社，2016，第77页。

的普遍认识，他们通过阐释、研究道家思想，寻求确保内心安宁、人与自然和谐相处的方法。伟大的科学家、物理学家爱因斯坦研读《道德经》德文译本，崇尚老子“道法自然”的思想。

不仅是德国，其他西方国家也深受道家思想影响。英国科学家李约瑟自称“名誉道家”，十分推崇老子，宣称老子的《道德经》对人类文化教育的贡献是难以估量的。俄国大文豪托尔斯泰在《论老子学说的真髓》中提到，孔孟思想对他影响很大，老子的思想对他的影响是巨大的。法国启蒙思想家、文学家伏尔泰的小说《查第格》现今成了法国中学读本，其中第二章的内容就是作者从中国小说《庄子休鼓盆成大道》“移植”而来的。

道家思想在美国的传播走的是大众化道路，刘笑敢先生曾以“花开他乡”形容道家在美国的传播及影响。通过搜索美国最大的购物网站——亚马逊，可以发现与“道”有关的英文著作内容丰富，涵盖历史、哲学、艺术、物理等各类学科，此外，还有许多与“道”相关的儿童读物和通俗读物，如《普之道》《小猪之德》《道家菜谱》《自愈之道》等。同样，读物销售排行榜也表明，与道家思想研究相关的学术专著相比，大众化的译本和读本的整体排名更靠前。

《道德经》是一个开放的系统，具有深邃而广博的思想内容，几乎每个阶层的人在读完之后都能找到“于我心有戚戚焉”的内容：商人通过阅读《道德经》，尤其是其中的辩证思想，在企业盈亏和企业管理方面形成了独特的见解和经营之道，逐渐形成了用道教思想进行经营的“道商”；美国物理学家卡普拉在其《物理学之道》一书中，坚称中国的道家思想和现代物理学在很多方面都有着深刻的相似性；摇滚乐队披头士还将《道德经》的第四十七章改编成歌曲 *The Inner Light*。此外，西方很多政治家、经济学家、环保主义者、和平主义者、传统医学的从业者等都宣称从《道德经》那里获取了智慧与灵感的源泉。喜欢道家思想、信仰道教的人数在美国逐步增加。1998 年以后，美国人口统计局在宗教信仰统计中开始将道教信仰者纳入统计，表明信仰道教的人数增多，道教开始成为一种独立信仰并得到相关部门的重视。

第五章

佛教思想

佛教产生于公元前6世纪至公元前5世纪，发源地是古印度（今尼泊尔南部），其创始人姓乔达摩，名悉达多，大约生活在公元前565年至公元前486年。佛的含义是觉或觉者，包含自觉、觉他、觉行圆满。佛教徒将创始人尊称为释迦牟尼，意思是“释迦族的圣人”。

佛教在中国的传播得益于“丝绸之路”的开拓。汉武帝派张骞等人出使西域，开辟了举世闻名的“丝绸之路”，为佛教的东传创造了交通条件。佛教大约在公元前2世纪沿丝绸之路传入中国现在的新疆地区。佛教自传入起，就不断吸收融合中国本土的儒、道文化。正如习近平主席2014年在访问联合国教科文组织总部时发表的演讲中所说：“佛教同中国儒家文化和道家文化融合发展，最终形成了具有中国特色的佛教文化，给中国人的宗教信仰、哲学观念、文学艺术、礼仪习俗等留下了深刻影响。”由于传入的时间、地区、途径不同，佛教在和中国不同地区的历史文化的结合中，形成了中国佛教三大语系，即汉传佛教（汉语系）、藏传佛教（藏语系）和云南地区上座部佛教（巴利语系）。

第一节　佛教在中国的传播和发展

佛教在中国内地的传播是内地与西域长期交通往来和文化交流的结果，纵观其传播过程，有三个时间段尤其值得关注。即佛教初传时期、全面传播时期和鼎盛时期。佛教在中国的传播并非一帆风顺。佛教从开始传入中国起，就非常关注并努力赢得上层统治者的认可和扶持，但还是遭受了由封建帝王亲自主导的四次禁佛事件，即三武一宗之厄。其中，唐武宗灭佛后，中国佛教的鼎盛状况基本完结。隋唐以后的佛教更多地影响在民间信仰层面及社会生活的各方面，而佛教思想理论创新层面相对衰落。

一、佛教东来

关于佛教传入中国内地的具体时间，通行的说法是 67 年汉明帝“感梦求法”。据《四十二章经》和牟子《理惑论》等文献记载，东汉永平七年（64年）的一个晚上，汉明帝做了一个梦，梦见一位神人，身上金光闪耀，后颈带有日光，并且能够在天上自由飞翔。汉明帝被惊醒，第二天便召集群臣询问此梦的吉凶，通士傅毅上奏道：“据说西方有位叫佛的得道者，法力无边，可以在天上自由飞翔，陛下所梦，可能是他。”于是，汉明帝派遣使者出使西域求佛法，并于三年后（永平十年，67年），将高僧摄摩腾和竺法兰及一些佛经和释迦牟尼佛的白毡像带回国。二位天竺高僧不远万里，用白马驮着佛经和佛像抵达洛阳，受到汉明帝的隆重接待，并被安排暂住在鸿胪寺。汉明帝后来下令在洛阳东十二公里外建白马寺安置二位高僧。佛教界基本持这种观点。另外一种说法是始于汉哀帝元寿元年（前2年）。“昔汉哀帝元寿元年，博士弟子景庐受大月氏王使伊存口受《浮屠经》。”（《三国志·魏书·东夷传》）当前学界基本持这种观点。综合两种观点可知，佛教在1世纪前后沿陆上丝绸之路传入中国内地。

二、东汉三国两晋时期佛教的初传

（一）借助方术，依附道家，扩大影响

东汉时期盛行谶纬之学，魏晋时期，玄学是时代主流，这

就使得自汉武帝确立的儒学独尊的局面被打破，为佛教思想的传播提供了相对宽松的时代氛围。佛教初入中国时，深谙入乡随俗之道，为在中国立足，从典籍翻译到各种仪式皆模仿道教。此外，佛教还依附比较受上层社会推崇的神仙方术，积极寻求统治者的支持。此时佛教的传播以翻译佛经为主，通过译经、道术等迎合统治阶层，积极寻求上层社会的认可。

东汉时期，佛教在传播时依附道教，用当时流行的黄老及神仙方术的思想来翻译佛经概念，宣扬佛家思想。这就使得佛教在早期传播时出现一个有趣的现象，那些最早接受佛教信仰的社会上层人士，通常把佛教当作黄老方术，把佛当作神仙，依附于黄老进行祭祀。如楚王刘英是汉明帝的异母弟弟，就喜好黄老方术，好结交方士，常采用佛教的斋戒祭祀方式，同时祭祀黄老、神仙和佛。汉明帝亦把浮屠（即佛陀）与黄老相提并论，下诏称赞楚王刘英“诵黄老之微言，尚浮屠之仁祠，洁斋三月，与神为誓”。汉桓帝在其宫中同时为黄老和佛陀立祠祭拜。不仅如此，最早翻译佛教经典的西域僧人安世高就具有浓厚的方士色彩。据史料记载他精通五行，擅长医术，仅观人面就能判人疾病，而且精通鸟语，可以预知未来吉凶。安世高在翻译小乘禅经典《安般守意经》时，就惯用道家术语“无为”等；其宣扬的修行方法——禅定，则强调静坐敛心，专心一境，使身心轻安，又与“守一”“守气”呼吸吐纳的神仙方术极相似。牟子《理惑论》是我国第一部关于佛教的论著，其对佛陀的描述是“恍惚变化，分身散体，或存或亡，能小能大，能圆能方，能老能少，能隐能彰，蹈火不烧，履刃不伤，在污不染，在祸无殃，欲行能飞，坐则扬光”。显然，这里将佛陀描述得和道家的神仙一样。正是由于上述原因，直到东汉后期上层社会仍认为佛教和道家相类似，皆主张清静无为。

（二）影响力不断扩大

魏晋时期，佛教的传播迎来第一个信仰小高潮。首先，开始出现汉僧西行取经。东汉时期，译经工作及佛学思想的传播主要由外来僧人承担，进入三国时期则开始发生变化。三国时期的朱士行不仅是中国依律受戒成为比丘的第一人，更是西行求法的开拓者。他在研习佛经的过程中，认识到当前传入的佛经少而零散、缺乏系统性、教理意义不明，于是决定西行求法。他于260年从雍州（治所在今陕西西安）出发，西涉流沙，到达于阗，经过多方周折，终于在282年由其弟子弗如檀等将其抄录的《大品般若经》的梵本遣送回洛阳，后被译成汉本，取名《放光般若经》。受朱士行影响，东晋时期出现了中国历史上第一个西行求法的高潮，数以百计的僧人或为求经，或为朝拜圣地而西去古印度，其中最著名的是东晋的法显。随着佛经的大量翻译，法显意识到戒律缺乏的弊端，因而西行专门求戒律。戒律的梵语是尸罗，含义是“防非止恶”，最初是为了纠正佛教徒的不当行为所制，是僧侣修行的基本准则。戒律最能体现佛教“诸恶莫作，众善奉行”的精神。因而399年，法显从长安（今陕西西安）出发，经西域至天竺寻求戒律，游历二十九个中亚、南亚和东南亚国家，后搭乘商船从海路返回，于413年到达建康（今江苏南京），带回了三部完备的佛教律本和大、小乘三藏中的一些基本的梵文经典。他还撰写了《佛国记》，记录沿途见闻，该书后来成为研究沿途国家佛教情况和文化概貌的重要文献。

其次，佛教把握时代脉络，广泛宣传般若学，积极寻求般若学和魏晋玄学的融合。魏晋玄学以老庄思想为依托，依据老子的“道”，创造性地提出将“无”作为宇宙的本体，认为“无”是天地万物产生的根源。般若学的核心思想是宇宙万物本性空寂。二者一个讲“无”，一个说“空”，有许多相似之处。受魏晋时期玄学影响，东晋般若学派自由发挥，以“无”解“空”，因对性空本无的理解不同，形成了“六家七宗”七种般若学说。其中比较著名的有般若学本无宗的代表人物道安，用魏晋玄学的本末思维方式理解《般若经》，认为“一切诸法，本性空寂，故云本无”（《大正藏》卷四十二），他用本无称本体，提倡以无为本，本体是实有的无。显然这和古印度传统般若学否认本体的存在的宗旨不符合。般若学派的另外一位代表人物支愍度是心无宗的创始人，他附和清谈，主张“无心于万物，万物未尝无”，即不否认万物的存在，但强调心不执着于物。

最后，佛教日益为统治者所重视。最高统治者不仅崇信佛教，而且为了争夺高僧，甚至不惜发动战争。东吴孙权信敬高僧康僧会，协助其建塔造寺，推广佛教；东晋孝武帝下诏令道安享受王公大臣的俸禄，其中最著名的是佛图澄被后赵石勒、石虎兄弟尊为国师，使佛教在统治者的支持与倡导下在北方得到了迅速传播。后赵统治者石勒，残暴成性，以杀人为乐，与佛教宣扬的“上天有好生之德”相差甚远。为了感化他，著名西域高僧佛图澄首先以道术神咒来吸引他崇信佛教。佛图澄初见石勒，在被问及如何证明佛法的灵验时，取出随身携带的钵装满水，随即烧香念咒，顷刻水中就长出青色的莲花。后来石勒在询问行军吉凶时，佛图澄都可预知，且屡试不爽。佛图澄凭借这些法术，取得了石勒的信任。在参与军政大事的过程中，佛图澄用佛教思想教化其心志，并借助其力量使佛教在后赵政权扶植下得到迅速发展。其弟石虎即位后，曾下书称：“佛是戎神，正所应奉。”石虎还在佛图澄的劝说下，排除众意，于建武元年（335 年），宣布允许各族民众都可以出家为僧。石勒兄弟奉佛图澄为国师，尊称其为“大和尚”。在二人的支持下，佛教得到迅速发展，在短短几十年的时间里，佛图澄及其弟子先后建立佛寺八百九十三所。

前秦苻坚是个佛教徒，他曾经发起过两次重要战争，第一次是讨东晋争道安。道安是常山扶柳人，佛图澄的弟子，因避后赵之乱，南下襄阳。入襄阳后，东晋境内四方学士竞相拜其为师。前秦苻坚素闻道安的名气，竟派十万大军攻打襄阳。苻坚曾对左仆射权翼说："朕以十万大军攻取襄阳，只为得到一个半人。"权翼问道："这一个半人是谁？"苻坚说："道安是一个人，习凿齿是半个人。"苻坚将道安与习凿齿迎往长安五重寺。第二次是争夺鸠摩罗什。384年，苻坚派大将吕光率领七万兵马，去夺取龟兹国宝鸠摩罗什。吕光平定西域，在返回途中，获知前秦灭亡，于是驻兵割据，建立后凉。后秦第二代君主姚兴是虔诚的佛教徒，曾多次邀请鸠摩罗什到自己国家，但吕光始终不放人，于是于401年攻打后凉，战争胜利后，姚兴以国师之礼迎鸠摩罗什入长安。

三、南北朝时期佛教的全面传播

（一）求经与译经

这一时期，佛教普及于社会各个阶层。南北朝时期，中国佛教史上产生的译经最多，出现的佛教学派最盛，佛学研究最广。此时不仅有一些新的译经家从海路而来，带来了新的佛教经典，还有大批中国僧人去古印度求经，丰富了译经的理论和内容。其中最著名的是古印度僧人真谛，他应梁武帝邀请，携带大量梵文经典，乘船抵达梁都建康。真谛在译经上贡献颇多，与弟子译出六十四部二百七十八卷佛教经典，包括《十七地论》《摄大乘论》《唯识论》等，与鸠摩罗什、玄奘、不空并称为中国佛教四大译经家。

（二）佛教学派的兴盛

佛教学派进一步兴盛，讲经研经、自立门户成为主流。随着经典的增多，以及不同的译经者和经典研究者的经论观点不同、对经典的研究侧重点不同，佛学研究中出现了专门研究、讲解某部经或者某几部经的现象，从而出现了很多佛教学派。当时比较流行的是涅槃学派、地论学派和摄论学派。“顽石点头”的典故就与涅槃学派代表人物竺道生有关。竺道生认为，佛性是众生所秉的法身、法性，世界上不具善信“一阐提”既然属于众生，那么他们也同样具有佛性，也有可能成佛。竺道生的这一观点在当时被认为是异端学说，遭到众多传统僧众的反对，被迫离开建康，行至虎丘山，“聚石为徒，讲《涅槃经》，至阐提处，则说有佛性。且曰：如我所说，契佛心否？群石皆为点头”（《佛祖统纪》卷三十六）。

法社和义邑的兴盛。法社始于东晋庐山慧远所创的白莲社，是以在家佛教徒为中心，持戒修定的社团组织。慧远不仅精通佛经，还擅长儒学和老庄学说，因而结交了大批佛俗名士。402年，慧远与刘遗民等一百二十三人结社，倡导以《般舟三昧经》为依据念阿弥陀佛。法社有严格的社戒，要求社员必须持戒和修道。据《东林十八高贤传》记载，谢灵运极想加入白莲社，却被慧远拒诸门外，理由是谢灵运“心杂”。陶渊明则是因为好饮酒而拒绝入社。义邑在北朝比较流行，是以在家佛教徒为中心，以营造佛像寺塔等为机缘而结成的信仰团体。因为北方政权推崇神异方术，上至统治阶层，下至平民百姓，皆推崇通过建造塔寺、修造佛像来修功德。

（三）佛教徒迅速增加

信佛人数迅速增加，上至统治阶层，下到平民百姓，甚至儒生也纷纷加入信佛大军。大多数统治者对佛教持扶持态度，或把佛教当成维护自身统治的工具，或出于真实的佛教信仰，大力推崇佛教。南朝梁武帝萧衍自称“皇帝菩萨”，不仅自己信奉佛教，还时常规劝群臣信奉佛教，大力支持佛教发展。他不仅鼓励学僧进行佛学研究，自己也亲自研习佛典。他对《般若经》研究最多，并著有《立神明成佛义记》。最早传入中国的佛教戒律是小乘戒律，以禁止个人纵欲行恶为主，包含“五戒”“十善”。“五戒”是最根本的戒律，其主要内容是不杀、不盗、不淫、不妄语、不饮酒。梁武帝在戒律上大力推广“菩萨戒”，为了更好地执行“菩萨戒”所规定的“十重四十八轻戒”中的第一重戒——杀生戒，他改变小乘戒律关于僧侣可以食用“三净肉”的规定，将不得吃肉，只能吃素纳入僧人应该遵守的基本戒律。他从《大般涅槃经》中找到证据，命令僧人必须吃素，否则将以国法、戒律惩罚，从而形成汉传佛教吃素的传统。梁武帝为了号召人们信佛，自己曾四次舍身同泰寺“为奴”，亲自为僧众执役，每次都要朝廷拿出巨额钱财将其赎回。据《南史》卷七记载，梁武帝舍身后，群臣以一亿万钱奉赎皇帝菩萨大舍。佛教传入中国后，佛教徒就被当作方外之宾，免除了兵役、劳役和赋税等义务。在统治阶级的支持下，南北朝的寺院又获得大量经济特权，为逃避繁重的赋税徭役，大量农民纷纷投入佛门，僧尼人数激增。对于这种情况，南朝大臣郭祖深倍感忧虑，曾上疏曰，僧尼十余万，天下户口，几亡其半。据唐代法琳编著的《辨正论》卷三记载，宋朝寺庙有一千七百六十八座，僧尼二万四千人；齐朝有寺庙二千零十五座，僧尼有三万二千五百人；梁朝有寺庙二千八百四十六座，僧尼八万二千七百人；陈朝有寺庙一千二百三十二座，僧尼三万二千人。北朝时期，佛教发展也相当迅速。除了北魏太武帝和北周武帝，其余帝王无不扶持佛教。据《洛阳伽蓝记》记载：魏孝文帝太和元年（477年），全国（北魏）佛寺有六千四百余座，僧尼七万七千多人；到北魏末年，全国寺院有三万余座，僧尼二百余万人。在北齐、北周时期，北齐境内共有寺院三万所，僧尼二百万；北周境内共有寺院一万所，僧尼一百万。

（四）儒、道、佛三家论战及灭佛运动

南北朝时期，佛教逐步获得独立地位。迅速发展的佛教不再满足于依附儒道，宣扬儒、道、佛三教的一致，而是和儒家、道教公开论战，公开宣称佛教为三教之首，可包容儒道。南北朝时期曾流行一部佛经——《清净法行经》，该经宣称孔子、颜渊、老子系佛为教化震旦而派遣的三弟子。显然，这是时人假造的佛经，但也体现了当时佛教独立意识的觉醒，以及对儒家、道教的公开挑战。当是时，佛道之争渐烈。北方佛道之争以权力为根据。道家贬斥佛教为夷狄之教，打着夷夏之辨的口号，攻击佛教入国破国，入家破家，并积极行动，推动统治者灭佛。北朝道教势力因新天师道创始人寇谦之而迅速扩大。北魏司徒崔浩推崇寇谦之并信奉道教，在其推动下，太武帝拓跋焘对道教表现出极大的热情和兴趣，并改年号为太平真君，封寇谦之为天师、国师。崔浩为巩固道教的主导地位，积极推动太武帝灭佛。“浩奉谦之道，尤不信佛。与帝言，数加非毁，常谓虚诞，为世费害。帝以其辩博，颇信之。”（《魏书·释老志》）可见，崔浩在太武帝对佛教的态度上起到极其重要的作用。他信奉道教，数次在太武帝面前诋毁佛教、指陈佛教的弊端，并逐渐取得了君主的认同。太平真君七年（446年），一次偶然的机会，太武帝在一个寺庙内发现暗藏的兵器、财物和妇女，甚为震怒，于是听从崔浩的建议，下诏命令诛沙门，毁佛像，烧佛经。北魏太武帝灭佛虽有政治、经济等深层次的原因，但崔浩的推动则是最直接的动因。

北周武帝灭佛。早期汉传佛教的僧服为黑色，佛教僧人称为“缁衣”。北周武帝宇文邕迷信谶言“黑衣当王”，曾下令僧侣法衣均改为黄色。道士张宾等说黑为僧徒，认为佛教为国之不祥，请求废除佛教。据史书记载，天和二年（567 年）道士卫元嵩上书请求废除佛教，称“唐、虞无佛图国安；齐、梁有寺舍而祚失”（《广弘明集》卷七）。其上书甚得武帝之心。此后，道士张宾也上书请求废除佛教。宇文邕于天和四年（569 年）三月十五日，下诏儒、道、佛两千余人共聚，论三教优劣，并亲自断言“儒、道二教，国所常遵，佛为外国新来之教”。后又展开两次大规模的辩论，尤以第三次，即发生在建德三年（574 年）的辩论最为激烈。此次参加辩论且论战激烈的是佛道两家。在辩论中，佛教高僧道安、智炫等处于攻势，道士张宾等人节节败退。宇文邕亲自参加辩论，指责佛教不净，被智炫反驳道：“道教之不净尤甚！”经过三教论战，道家的弊端被揭露，宇文邕最终决定佛道并废。周武帝一方面优待佛道名流，建通道观，奉养一百二十名“通道观学士”；另一方面又采取灭佛措施，如毁佛塔、烧佛经、没收寺观财物、命令僧尼还俗等。

儒佛斗争的重点是神灭与神不灭。南朝时期范缜的《神灭论》从理论层面上给佛教以沉重的打击。范缜在齐梁时代同神不灭论者曾进行过两次著名论战。第一次论战发生在齐国，双方分别是范缜和竟陵王萧子良，二人争论的焦点是有没有因果轮回。萧子良发难说："你说没有因果报应，为什么世界上有的人富贵，有的人贫贱？"范缜解释说："人生如一树之花，被风吹过，有的落在茵席之上，有的落在厕所之中，人生的富贵贫贱如同落花，根本就不是什么因果报应。"此次争辩后，范缜进一步梳理自己的观点，写出了经典著作《神灭论》，系统地阐述了无神论的思想。他首先提出形和神是不能相离的，接着形象地以刃利关系比喻形神关系，提出"刃为利之质，利为刃之用""未闻刀没而利存，岂容形亡而神在"等著名论断。萧子良凭借权力，曾召集一批熟悉佛教经典的僧人和名士，围攻范缜，但以失败告终。第二次是笃信佛教的梁武帝萧衍即位后，批评范缜"违经背亲"，颁布《敕答臣下神灭论》，发动第二次"神灭"大论战。他发动王公大臣六十二人，写出文章七十五篇，反驳神灭论。范缜以少胜多，在理论上取得了胜利，虽然成功击退了一次又一次的群起围攻，但还是被梁武帝发配至广州。佛教虽在理论上失利，在政治上却取得压倒性胜利，得到进一步的发展。

四、隋唐时期佛教的鼎盛

隋唐时期，虽然统治阶级对佛、道采取积极支持政策，但始终未动摇儒家的正统地位。隋文帝建国后，力图建立以儒学为核心，以佛、道为辅助的统治政策，但文帝和佛教又有着深刻渊源，他幼时曾被神尼智仙所抚育，因而在后期开始沉湎于佛教。601 年，隋文帝诏令全国废除公立学校，同时送佛舍利至天下主要诸州观仰，并建舍利塔一百一十一座。建塔费用不从国库出，而是由全体国民共同出资以同修功德。唐代帝王姓李，攀附道家李耳作祖先，故历代帝王皆积极推崇道教。625 年，高祖诏叙三教先后曰："老教、孔教，此土之基；释教后兴，宜崇客礼。今可老先，次孔，末后释宗。"（《集古今佛道论衡》）玄宗信奉道教，称老子为大圣玄元皇帝，诏令诸州建玄元皇帝庙，并命令州学生学习《道德经》。唐代李氏政权虽推崇道家，但不轻视佛教，提倡佛道并用。佛教在武则天统治期间，备受崇奉，出现极盛局面。佛教为武则天称帝建周制造舆论。689 年，怀义、法明、宣政等"沙门"献上《大云经》并造《经疏》。谓经中所说"即以女身当王国土"者，即当今的武则天。武则天当年临朝称制。武则天通过尊崇佛教及僧尼，与李唐对抗，即位之初，就宣布"释教开革命之阶，升于道教之上"。武周之世，"铸浮屠，立庙塔，役无虚岁”。为了安置佛像，“日役万人”，“所费以万亿计，府藏为之耗竭”。唐玄宗时，信奉道教，对佛教风行的时局进行调整。唐玄宗李隆基虽然限制佛教过度发展，但并非排斥佛教。开元年间善无畏、金刚智、不空相继来华传播密教，唐玄宗都给予极高的礼遇，并亲自为《金刚经》作注，并颁行天下。

（一）本土化的佛教宗派

自隋代直至唐代玄宗时期，形成三论宗、天台宗、法相唯识宗、华严宗、禅宗、密宗、律宗、净土宗等八大佛教宗派。天台宗是中国佛教史上创立最早的一个佛教宗派，它源起于南北朝，初创于隋，兴盛于唐。调和性与融合性是天台宗的最基本特点。这也反映出佛教中国化是印度佛教主动融合中国本土思想文化，进而逐渐成为中国传统思想文化的根基之一。

在唐代形成的八大佛教宗派中对中国人影响最大、流传最广的便是禅宗。禅宗的“禅”字，是由梵文 Dhyana 音译而来的，该宗因主张修习禅定而得名。禅宗的特征一般被概括为“教外别传，不立文字，直指人心，见性成佛”。初祖达摩，为南印度国香至王的第三个儿子，大约在南北朝时期，由海路东来传播佛法。六祖慧能，俗姓卢氏，唐代岭南人，著有《六祖坛经》（亦称《坛经》）流传于世，被尊为六祖慧能。在大

六祖慧能

藏经中，《六祖坛经》是唯一一部中国僧人的语录被套为经的佛教经典。慧能为禅宗五祖弘忍的弟子，他发挥了达摩的心性论和参禅的方法，提倡“自性清净、顿悟成佛”之说，标志着中国化禅宗的正式形成。在禅宗历史上，北宗禅创始人神秀是与慧能齐名的著名高僧，二人同为禅宗五祖弘忍弟子，但在修禅方法上形成迥然不同的风格，在弘忍圆寂后，禅宗发生分裂，最终形成禅宗史上“南能北秀”和“南顿北渐”之争。

慧能在得到弘忍的衣钵后南下隐居，复出后游历至广州法性寺（今光孝寺）。此后，慧能禅宗的影响与日俱增，因其修禅方法简便，吸引了大批普通信众，成为晚唐以后乃至整个中国佛教的主流。

慧能之后，南宗禅继续发展，后形成临济宗、曹洞宗、沩仰宗、云门宗、法眼宗五家，加上由临济宗分出的黄龙派和杨岐派，合称为“五家七宗”。

禅宗是印度佛教中国化最为典型的佛教宗派，尤是在六祖慧能时期，他在坚持佛教基本立场、理论、方法与践行的同期，不断融摄中国本土固有的传统思想，特别是老庄玄学的自然主义哲学、人生态度以及儒家的心性学说，从而形成了它独特的禅学理论和修行方法。[①]禅宗重人本和革新佛教的创新精神对中国佛教文化产生了深远的影响。

8世纪唐玄宗时代，印度密宗高僧善无畏、金刚智、不空相继来华，被尊为“开元三大士”，在唐皇室的扶持和中国僧人一行等协助之下，译出大量密教经典，被推为中国密宗的建立者。其中《大日经》《金刚顶经》及一行的《大日经疏》被奉为密宗的主要经典。唐代密宗在开元、天宝时期以至肃宗、代宗诸朝兴盛发达，对藏传佛教和日本佛教都有影响。惠果，俗姓马，京兆万年（今陕西西安）人，9岁随不空弟子昙真学佛，17岁入内道场，后从不空受灌顶，又从善无畏弟子玄超受胎藏界密法。惠果之学，兼具善无畏、不空两家

① 参见洪修平：《中国佛教文化历程》（增订本），江苏教育出版社，2005，第184页。

之长，将金刚界密法和胎藏界密法融会在一起，建立“金胎不二”之说。新罗僧人惠日、悟真，日本僧人空海等皆师从惠果学习密法，使得密法得以传播海外，尤其是空海回国后，开创日本真言宗，成为日本真言宗初祖。

宗派与学派有诸多不同，汤用彤将宗派总结为“有创始，有传授，有信徒，有教义，有教规的一个宗教集团”[①]。隋唐诸大宗派，除了禅宗，皆用章疏来表达自己对佛典的理解，组织和发挥本派学说。教派的形成离不开判教活动的开展。所谓“判教”，是通过对全部佛教经典和学说归类划分等级，奉自己推崇的一部或几部汉译佛经为基本经典。隋唐时期，随着判教活动的开展，佛典章疏之风达到高潮。章疏逐渐被当成正式的佛教经典流传开来，并影响了朝鲜、日本和越南的佛教。

（二）俗讲盛行

日本僧人圆仁法师记载：842年正月初一日，长安“家家立竹杆悬幡子，新岁祈长命。诸寺开俗讲”（《入唐求法巡礼行记》卷一）。作为规制，长安的寺院曾规定要有一个月的俗讲时间，地方寺院也要进行几天的俗讲。此处的“俗讲”是相对于正讲法会而言的一种较为轻松的讲经方式，以世俗人为

① 汤用彤：《论中国佛教无“十宗”》，载《汤用彤全集》第2卷，河北人民出版社，2000，第372页。

说经对象，通过说唱的形式，以简洁易懂的佛经故事、历史故事和传说等宣传佛法。正如慧皎法师所言，“宣唱法理，开导众心”（《高僧传》卷十三）。俗讲在唐代的佛教传播中具有极其重要的意义，为佛教吸引了大批民间信众。唐代姚合写了一首著名的诗——《听僧云端讲经》，描写了当时民众尊崇俗讲的盛况：“无生深旨诚难解，唯是师言得正真。远近持斋来谛听，酒坊鱼市尽无人。”

（三）佛教传播中的曲折

佛教的传播虽然在唐代达到高峰，但并非一帆风顺。佛、儒、道之间的辩论和斗争始终存在。其中最著名的就是唐宋八大家之首的韩愈谏迎法门寺佛骨事件，将反佛运动推向了高潮。韩愈，字退之，河阳（今河南焦作）人，是唐代古文运动的领袖，一直都致力于振兴儒学，反对佛教。《论佛骨表》和《原

韩愈

道》是其反佛的代表作。

唐宪宗元和十三年（818 年），功德使上书说，在凤翔法门寺佛塔中供奉着释迦牟尼的一节指骨，该塔三十年一开，让人瞻仰，据传，开塔之年则岁丰人泰。唐宪宗信奉佛教，元和十四年（819 年）正逢开塔之年，于是下令于当年正月迎佛骨入京。佛骨入京后，先在宫中供奉三天，后被送至京城各寺庙礼敬，掀起了全国性的礼佛热。韩愈作为儒家的卫道者，对迎佛骨事件予以坚决反对，曾上《论佛骨表》加以劝阻。在该表中，韩愈痛斥佛教“不知君臣之义，父子之情”，要求将佛骨“投诸水火，永绝根本，断天下之疑，绝后代之惑”。韩愈反佛的言辞激烈、态度决绝，尤令唐宪宗震怒的是他对事佛弊端的陈述，“汉明帝时，始有佛法，明帝在位，才十八年耳。其后乱亡相继，运祚不长。……事佛求福，乃更得祸”。即自东汉佛教传入以来，信佛的帝王和国家无不命短而亡。韩愈的反佛言论触怒了宪宗皇帝，宪宗认为“愈为人臣，敢尔狂妄，固不可赦”(《旧唐书》卷一百六十）。韩愈因这篇谏表险些丢掉性命，后在好友裴度的苦求下，被贬至潮州任刺史。韩愈反佛力度之大，从佛教界对其被贬的表现中可窥一斑。因韩愈被贬，整个中国佛教界欢欣鼓舞，皇甫湜在《送简师序》中记载：“韩侍郎贬潮州，浮图之士，欢快以抃。”《原道》是韩愈排斥佛、道二教，努力构建儒家道统的重要文章。他在《原道》中抨击佛教对经济造成破坏。在古代有士、农、工、商四民，现在增加了佛、道两家，变成了六民。但佛、道之徒不从事士农工商之事，却坐享士农工商的劳动成果，从而造成了普通百姓穷苦和盗贼数目的增多。因而主张让和尚、道士还俗，烧毁佛道经书，并将寺观改为民房。他还提出仁义道德为儒家之道，并确立了儒家的道统："尧以是传之舜，舜以是传之禹，禹以是传之汤，汤以是传之文武周公，文武周公传之孔子，孔子传之孟轲；轲之死，不得其传焉。"(《原道》) 除了散文，针对唐代译经盛况，他还写诗斥责译经僧人，如在《赠译经僧》中，对译经的僧人严厉指责："万里休言道路赊，有谁教汝度流沙。只今中国方多事，不用无端更乱华。"

韩愈不仅痛斥佛教，揭露佛教的弊端，他还以劝说僧人还俗为己任，这在其诗中屡有体现。在《送僧澄观》诗中，他写道："人言澄观乃诗人，一座竞吟诗句新。向风长叹不可见，我欲收敛加冠巾。"在《送灵师》诗中亦提到，"方将敛之道，且欲冠其颠"。其中最成功的例子就是说服无本和尚即贾岛弃佛还俗。

韩愈对佛教的无情批判和揭露，为唐武宗李炎灭佛提供了理论依据。武宗信奉道教，推崇儒家，虽在位仅仅六年，但对佛教予以沉重打击。会昌二年（842 年），在道士赵归真等人的劝说下，武宗开始灭佛。起初灭佛行为比较和缓，仅令僧尼中的犯罪者和违戒者还俗，并没收其财产。会昌四年（844年），开始大规模地勒令僧尼还俗并拆毁房屋不满二百间、没有敕额的寺院和佛堂等。会昌五年（845年），在全国范围内实施全面灭佛措施，灭佛运动达到高潮。灭佛的成果是："天下所拆寺四千六百余所，还俗僧尼二十六万五百人，收充两税户；拆招提、若兰四万余所，收膏腴上田数千万顷，收奴婢为两税户十五万人。"（《旧唐书》卷十八）

五、宋代对佛教的控制和利用

隋唐时期确立的三教鼎立的格局，在五代十国和宋代发生变化，逐渐被以儒家为主体的三教合一所取代。五代十国虽历时不长，但朝代更替频繁，战乱不断，佛教屡次遭受打击和抑制，尤其是在北方，频繁战争造成的兵源紧张、财力困乏，使得北方诸朝对佛教普遍奉行限制赏赐名僧、对剃度僧尼数量提出严格规定、约束僧人行为的政策，其中以后周时期周世宗的政策最为彻底。随着经济文化重心开始南移，佛教在南方开始复兴，以曹溪五宗为例，除了临济宗，其余四宗皆兴于南方。五代十国时期，佛教的发展虽在南方有所复兴，但总的来说，佛教已经呈现式微的趋势。

北宋时期，因战乱而遭到抑制的佛教得以进一步发展。宋代统治者大多认为宗教有助于统治，因而对佛教采取既支持又控制的态度。北宋时，只有徽宗“崇道排佛”，其他统治者都对佛教采取了支持和利用的政策，使得宋代佛教的传播得以恢复并有了较大发展。宋太祖赵匡胤派遣史上最大规模的僧人团求法西天竺；派内官张从信往益州监雕大藏经版，开官刻《大藏经》之先河；流放写作《灭邪集》攻击佛教的进士李蔼。宋太宗和宋真宗在翻译佛经方面也做出了重要贡献，不仅重新恢复了唐代中断的官方佛经翻译机构译经院，还采取了一系列措施鼓励佛经的翻译。北宋时期不仅出现了大量佛教著作，还出现了众多佛教高僧，推动了佛教文化逐渐兴盛。当时佛教文化的风靡，可从程颢的描述中窥见一斑：“如杨、墨之害，在今世则已无之。如道家之说，其害终小。惟佛学，今则人人谈之，弥漫滔天，其害无涯。”（《河南程氏遗书》卷一）程颢、程颐正是看到了佛教流传之广、影响之大的危害，故在创立理学体系时，对佛教教义中的出世主义、业报轮回等思想进行了强烈批判。佛教中的禅宗和华严宗在当时影响比较广，二程也受到它们的影响，吸收借鉴了它们的本体论和心性论。

南宋政权总结北宋灭亡的教训，基本承袭了宋徽宗“崇道排佛”的宗教政策，但在对佛、道两教上基本保持理性，没有出现过激行为或过度尊崇某一宗教的现象。佛、道之间也基本上是和平相处，南宋的政治和宗教之间形成了良性互动的关系，从而进一步深化了宋代佛教世俗化和民间化的倾向。宋代佛教世俗化主要表现在经义、教规、修行方式和信徒上。皈依佛教的教徒逐渐由达官显贵扩展到地方豪富和普通百姓，正如朱熹曾经批判佛教“不问大人、小儿、官员、村人、商贾、男子、妇人，皆得入其门”。这也从侧面论证了佛教徒在宋代的民间化趋势。

宋代佛教内部各宗派之间相互融合趋势进一步加强，净土信仰逐渐成为佛教各宗的共同指归，各宗与净土融合，形成了天台宗、禅宗、净土宗、律宗相融合的趋势。不立文字、注重农禅的禅宗与念佛的净土宗融合之后，完成了佛教内部宗派的大融合。

六、元代佛教的昌盛

元代入主中原之后，统治者继承成吉思汗时代确立的“对待各种宗教一视同仁”的政策，对宗教采取宽容政策。因而在元代，佛教、道教、基督教等各大宗教，均得到较大发展。佛教在元代发展尤其兴盛，并独具特色，具体表现在以下方面：

一是藏传佛教迅速发展。藏传佛教和元代政治密切相连并被尊为国教。元代形成了独特的“帝师”制度。忽必烈即位之前，就接受了藏传佛教萨迦派僧人八思巴的灌顶，皈依了佛教。1260年，忽必烈即大汗位后，尊奉八思巴为国师，令其掌管全国的佛教和藏族地区的政教事务。忽必烈于1271年改国号为元，正式称帝，同时加封八思巴为“帝师”。帝师在元代极受尊崇，不仅是全国佛教首领，还是中央政权的高级官员，管辖着总制院（后改名为宣政院）。在朝堂上有专门为帝师设立的座位，帝师出行也有专门的大臣迎送。不仅如此，元朝历代皇帝都有帝师。

二是汉地佛教进一步发展。元代临济宗高僧海云印简是汉地佛教中与蒙古族贵族建立密切联系的第一人。他曾晋见太宗窝阔台，被任命督管华北的僧徒。他还为世祖忽必烈传授菩萨戒，并被待以师礼，对蒙古人早期经营汉地的政策产生了较大影响。其门下弟子在武宗时获赐“临济正宗”玉印。俗家弟子刘秉忠更是能左右忽必烈政治取向的人物。曹洞宗名僧万松行秀、雪庭福裕等因治学有成而被朝廷委以重任，担任元代官职。华严宗高僧仲华文才被任命为五台山佑国寺主持。临济宗高僧一山一宁还被任命为江浙诸路释教总统，后被元朝任命为赴日使节。

三是形成独具特色的元代佛教管理体系。元政府设立的第一个佛教管理机构为总统所，由中央和地方两级组成，掌管僧官的人事任命权。后来设置了总制院，并于1288年改名为宣政院。宣政院和枢密院、中书省、御史台并列，是元代由皇帝直接控制的中央机构，掌管全国佛教事务和吐蕃（西藏）地区的军政事宜。随着佛教的发展，元政府不断调整佛教事务管理模式，宣政院原有的经营寺院经济的权力被掌管祭祀的太禧宗禋院分得，与司法相关的佛教事务则被御史台划走。在中央统一管理下，藏传佛教和汉地佛教基本和平相处，在忽必烈的倡导下，汉藏名僧共同合作对勘了汉藏两种大藏经的异同，编成《至元法宝勘同总录》。武宗时，蒙文和藏文大藏经分别刻版。

四是寺院经济的振兴和发展。寺院经济自唐以来渐趋衰落，直到元代开始振兴并达到顶峰。元朝统治者信奉佛教，尤其是藏传佛教，到处大规模修建佛寺，并且赐予佛寺大量的土地。元代寺院经济除了经营土地，还大量从事各种手工业、商业、医病等活动，在元代随处可见由寺院经营的旅店、当铺等。元代统治者对佛教的推崇使得寺院、僧人数量激增。据宣政院记载，早在1291年，全国的寺宇就多达四万二千一百三十八所，僧、尼二十一万三千一百四十八人，这一人数到至元中期增至百万。

七、明清时期严格管制佛教

明代严格控制佛教，推崇理学。明太祖朱元璋是僧人出身，曾加入打着佛教旗号行农民起义之实的白莲教，并且目睹了元代因崇尚佛教尤其是藏传佛教所产生的诸多问题，即位之初便对佛教严格控制。明代汉传佛教仍然以禅宗和净土宗最为流行，但教理上建树不大。以三教合一思想为主要内容的“善书”和“宝卷”广泛流传，推动了佛教在民间的传播。

清代对佛教的态度基本承续明朝，在严格控制的同时，加强对佛教的利用，以巩固王朝统治。清代对藏传佛教更加重视管理和联系，以加强对西藏的统治。清代顺治皇帝入关不久便派遣使臣携带贵重礼品去西藏问候达赖、班禅。康熙继位后也遣使进藏，足见清王室对藏传佛教的重视。康熙通过册封西藏佛教首领来加强对西藏的控制。清代汉地佛教发展受到严格控制，加之自身在义理上难有建树，在济世度人上成效不显著，因而渐显衰微、颓败之势。

第二节　中国佛教的世界影响

隋唐以后，中国成为世界上佛教体系最为完整的国家，也是唯一一个具备大小二乘、三大语系佛教的国家。汉传佛教、藏传佛教、南传佛教在中国的繁荣与发展，使中国长期处于世界佛教中心的地位。隋唐时期形成的、具有中国化色彩的中国佛教宗派，通过周边各国留学僧的入华学习与中国僧人的出国弘法等形式。在日本、朝鲜半岛以及东南亚等国家和地区广为传播，形成了以中国为中心，扩散日本、朝鲜半岛以及东南亚等国家和地区的佛教文化圈。

一、东亚佛教文化圈的形成

佛教传入中国后，逐渐和中国本土的儒、道文化相融合，并最终完成了中国化的进程，形成了以禅宗、华严宗、天台宗等为代表的中国佛教思想。中国佛教成为输出国，朝鲜半岛、日本为输入地区，相互交流、共同发展，形成了东亚佛教文化圈。

（一）中国佛教在朝鲜半岛

早在372年，前秦苻坚就派遣僧人顺道到高句丽，送佛像、经文，标志着佛教开始传入朝鲜半岛。朝鲜半岛对中国佛教的吸收和转化大体经历了两个阶段。

一是学习和简单复制中国的佛教。这一时期，朝鲜半岛传播的佛典都是来自中国的历代汉文经籍，传播的佛教思想也是中国八大佛教宗派的佛教思想。新罗统一王朝时期，大批留学僧赴中国游学，师从中国高僧研习佛法，回国后又携带大量汉文典籍进行传教活动。禅宗在朝鲜半岛也得到迅速发展。大批僧人在不同时期分别到唐朝参学禅法，回国后又以寺院为中心传播各自所学禅法，高丽王朝时期形成了禅宗九山并立的局面。

二是形成以护国禳灾祈福为特征的朝鲜佛教。高丽王朝重新统一朝鲜半岛以后，太祖王建推崇佛教为国教，祈求佛教助佑王权。禳灾祈福、祈求国泰民安成为历代高丽统治者信奉佛教的重要目的。

在朝鲜半岛佛教中，影响最大的两位高僧分别是天台宗的创始人义天和曹溪宗的开山祖师知讷，二人并称为高丽佛教“双璧”。义天于北宋时期入华求学，先后学习华严宗与天台宗的教义理论，回高丽后建立以华严宗和天台宗为中心，并融会禅宗的朝鲜天台宗。知讷禅师是曹溪宗的开山祖师。知讷立“定慧社”，依据《金刚经》《六祖坛经》修禅传道。知讷的曹溪宗影响很大，远远超过禅宗九山。知讷之后，朝鲜半岛禅

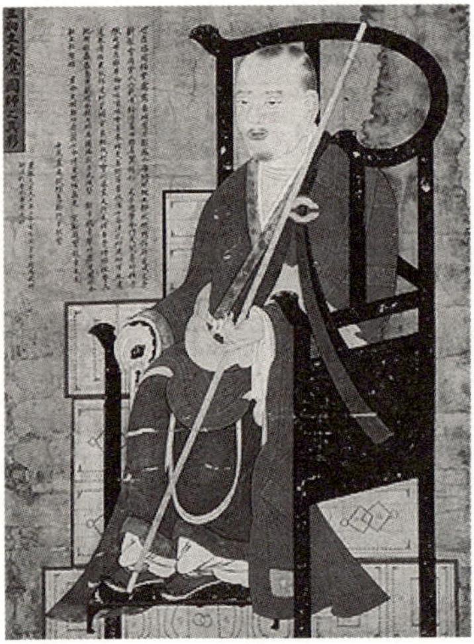

义天

知讷禅师

宗渐渐归于一山。

（二）中国佛教在日本

中国佛教传入日本，朝鲜半岛发挥了桥梁的作用。据史料记载，6世纪中叶，百济的圣明王将金铜释迦佛像和经论幡盖等赠给日本钦明天皇，开启了中国佛教的传入日本进程。此后，百济、高句丽的僧人大量来到日本，宣扬佛法。

圣德太子摄政时期，开始直接派僧人入隋学习佛法。这些留学僧不仅学习佛法，还学习中国的文化和政治制度，回国后为日本的大化革新做出了积极贡献，从而得到了统治者的支持，以政令形式推动佛教在日本传播。佛教的传播凸显了日本佛教戒律不完备的弊端，日本朝廷派使者赴唐求高僧去传授戒律。742年，扬州大明寺高僧鉴真受日本邀请，不畏艰险，六次东渡，最终成功。鉴真创立了日本律宗，被日本人尊称为“日本佛教与日本文化的大恩人”。至9世纪以前，中国佛教宗派中的三论宗、成实宗、法相宗、俱舍宗、华严宗和律宗已经从唐朝系统传入日本，史称“奈良六宗”。这一时期日本佛教所依据的经典教义基本是复制自中国的佛教宗派的。

日本佛教在平安时期（794—1192年）开始摆脱复制模仿中国佛教的局面，走上了探索融会各宗，寻求佛教日本化的道路。804年，日本僧人最澄和空海等随遣唐使入唐求法，分别在天台山和青龙寺学习天台宗和真言宗。回到日本后，二人分别创立日本的天台宗和真言宗。

镰仓时期（1185—1333年），日本形成了一些具有民族特色的新宗派，并开始走上平民化、世俗化的道路。中国禅宗在这一时期广泛传播和世俗化，对日本佛教和文化影响尤为深远。虽然禅宗早在奈良时代就已经传入日本，但影响不大，直到荣西入宋学习，归国后创立日本“临济宗”，才得到广泛传播。此外，比较著名的还有道元开创的曹洞宗。此后，入宋的佛僧绝大部分学习禅学，加之南宋的大量禅僧为避战乱东渡日本，使得禅宗在日本广泛流传。

二、佛教在西方的传播及影响

（一）西方传教士、著名旅行家最早充当了中国佛教西传的使者

中国佛教的西传，可追溯至13世纪的元帝国时期。此时，欧洲来华的天主教使者及传教士，开始在书信中简要提及中国的佛教信仰。这一时期，对中国佛教记载最为详细，并在欧洲影响最为深远的是意大利商人马可·波罗撰写的《马可·波罗游记》，该书关于藏传佛教、汉传佛教的记载，成为欧洲人了解中国佛教的主要来源。16世纪，西方传教士随着殖民者的商船和兵舰大批来到东方，他们把自己的所见所闻以报告、信件或游记的形式送回西方，其中不乏介绍中国佛教信仰的内

容，无意识地推动了中国佛教的西传。比较有名的是葡萄牙多明我会士克鲁兹，他在1569年出版的《中国志》中介绍了中国的佛教信仰。17世纪以来，大批耶稣会士在中国传教。虽然早期耶稣会士如利玛窦等着僧服、用佛教术语传教，但他们和其他修会的天主教传教士一样，对佛教持否定态度，在书信中基本不关注中国佛教。19世纪新教传教士来华之前，传教士们只是把中国佛教看作以偶像崇拜为特征的异教进行批评。直到19世纪中期，新教传教士开始认识到中国佛经的重要性，开启了中国佛教经典外译、佛教义理研究的道路。当时著名的研究、翻译中国佛教经典的新教传教士有三位：艾约瑟、毕尔和李提摩太。1857年，英国传教士艾约瑟将汉文佛经《一输卢迦论》译成英文，成为第一位英译汉文佛教的来华传教士。此外，他还对中国佛教的历史做过系统研究，出版了《中国佛教》《中国宗教状况》等著作。1884年，英国传教士毕尔英译《法显传》《慈恩传》《大唐西域记》，并于1871年完成佛学研究专著《中国佛典纪要》。李提摩太的主要贡献是英译汉语佛教经典《大乘起信论》《妙法莲华经》等。

（二）移民和侨民是中国佛教在西方流传的主力军

佛教作为纯信仰对象在西方流传得益于东方移民和侨民。19世纪至20世纪上半叶，中国和日本的移民为西方带来了汉传佛教的信仰。以美国为例，19世纪中叶，加州的淘金潮和美国铁路建设吸引了大批华工，他们为躲避国内战乱，寻求黄金梦，纷纷赴美，客观上推动了佛教在美国的传播。1839 年前后，日本人在美国，特别是西海岸，建立起佛教寺庙，传播汉传佛教。日本禅宗在美国比较受欢迎，他们在纽约建立起第一禅院和临济禅堂，宣传日本禅法，推动“禅热”在美国的兴起，习禅中心遍布美国各大城市。1849 年，第一座华人寺庙“列圣宫”在加州北部的矿区建成，后在移民聚集区逐渐建立了数百所佛教寺。这些寺庙为远离家乡的移民提供了心灵慰藉的场所。第二次世界大战以后，大量的亚裔移民不断涌入美国，极大地推动了佛教在美国的传播。中国的大乘佛教，经过数代华人的努力，已在美国扎根。夏威夷成了汉语大乘佛教传入美国的桥头堡。现在美国的佛教道场，尤其是禅宗和藏传佛教，大部分由亚裔建立。

禅修是佛教在美国影响最大的一种宗教实践方式，而禅宗、内观和藏传佛教是美国最为流行的三种佛教禅修方式。藏传佛教在西方社会广泛传播，作为东方研究心灵的经验性科学与西方心理学逐步深入地展开对话，深刻影响了西方心理学的发展。

结语

中华文明是五千年来从未中断过的文明，其成因是多方面的，但传统典籍在传承文明中的作用功不可没。中国的传统文化典籍浩如烟海、包罗万象，通过历代统治者支持下的大规模的图书搜集、整理和编撰活动，以及官府和私人藏书活动，传承着中华文明。正如英国著名历史学家汤因比所说："中国文化之所以能够在全球各文明中，历经风雨寒暑仍能保持文化性格的一贯性，其重要原因是中国有丰富的文化典籍及藏书文化。"

在众多的传统文化典籍中，能称上"经"的却不多。在古代被称作"经"的书籍往往具有神圣的意义。以佛教经典为例，随着佛教在中国的广泛传播和佛教的中国化，出现了大量中国高僧所著的佛教典籍，但在众多的中国佛教典籍中，仅有《六祖坛经》被佛教界尊为经。因为根据佛教的传统，只有记录释迦牟尼亲口所授的著作才能称为“经”。当“经”与“典”字相连，组成“经典”，通常是指某个领域中那些最具典范性、最具权威性、最有价值的传世之作。正如刘勰所说：“经也者，恒久之至道，不刊之鸿教也。”(《文心雕龙·宗经》)《四库全书》是中国传统文化典籍最丰富、最完备的集成之作，分经、史、子、集四部，共收录三千四百六十二种图书，涉及文、史、哲、理、工、农、医等诸多学科。在收录的如此多的传统典籍中，能被称作“经”的典籍却寥若晨星。以儒家典籍为例，可以被称作经的仅有十三部，分别是《诗经》《尚书》《周礼》《仪礼》《礼记》《易经》《左传》《公羊传》《穀梁传》《论语》《尔雅》《孝经》《孟子》。即使是这十三部经典，在最初也并未全部被冠以“经”。儒家典籍经典化始于西汉。汉武帝接受董仲舒的建议，“罢黜百家，独尊儒术”，将儒家提升到一个至高地位。汉武帝建元五年（前136年）初设立五经博士，开启了儒家经学时代，历史上就出现了儒家的“五经”之说，分别是《诗》《书》《礼》《易》《春秋》。“五经”被立为官学，汉武帝设五经博士专门讲授儒家经典。后来儒家经典的范围随着科举考试制度的不断完善、儒家学者的不断努力，以及当时社会统治者政治的需求，不断扩大。唐代时科举考试的儒家“经典”有九经，分别是《左传》《公羊传》《穀梁传》《周礼》《仪礼》《礼记》《诗》《书》《易》。而唐晚期，国子学刻石上又新增加了《论语》《尔雅》《孝经》，从而形成儒家“十二经”。南宋时期，《孟子》正式称“经”，从而形成“十三经”。此后，儒家被尊为“经”的典籍，再没有增减过。可见，儒家典籍历经数朝，经过数次取舍，最终形成我们今天看到的“十三经”。

经典是中国传统思想文化的精髓，蕴含着古人的大智慧。经典不仅历久弥新，而且常读常新。不同时代、不同阶层和不同知识背景的人，常在经典中读出不同的人生感悟。今天我们阅读经典可以更好地了解中国历史，认识中华文化，挖掘传统文化的当代价值和世界影响力。既然经典如此重要，那我们应该如何阅读经典?

一、阅读经典必须以求真为追求，要读懂经典的原意及圣人的本心。虽然今天有众多学者的今注今译本可以为我们阅读经典提供重要的借鉴，但不可否认，我们阅读到的这些经典译本往往是他者眼中的经典，带有今人思想的烙印。不仅如此，不同的今译本对同一经典的段落往往有不同的断句和见解，这也给我们阅读典籍带来困惑。因而，回归原典，借助训诂资料自求典籍原义不失为一理性选择。乾嘉学派的代表人物戴震在《与是仲明论学书》中对如何学习古代典籍曾做过精辟的论证。“经之至者，道也；所以明道者，其词也；所以成词者，字也。由字以通其词，由词以通其道。”（《戴震文集》卷九）他指出要准确理解经典中蕴含的圣人之意，首先要弄懂字词的意义。但是文字自产生到现在，不论在字形还是在字义上都发生了很大的变化，这就对后人阅读、理解古代经典造成了巨大障碍。因而就需要借助专门解释字义、词义、名物制度的语言学专著，如《尔雅》《方言》《说文解字》《释名》等，排除理解古代语言的障碍。不仅如此，文献典籍是古代文化的负载者，涉及许多古代社会习俗和政治、经济政策。有些习俗或政策因时代久远，早已废弃不用，不为后人所知，而仅仅靠典籍中只言片语的记录，难以对这些习俗、文化有一个全面、整体的认识。前人的训诂对这些文化知识的考释使这些古代文化的传承成为可能。如东汉郑玄、赵岐，宋代朱熹等对经典作的注释。

二、正确客观地对待典籍致用的基因。典籍中蕴含的智慧既是前人生产生活实践活动的总结，又是历代思想家集体智慧的结晶，蕴含着中国优秀传统文化的精髓，这就使得经典具有致用的优势。人们在阅读或注释典籍时，不论是否有意，都会有致用的需求。典籍阅读或注释是人的活动，人是社会中的人，对经典的理解和感悟脱离不了时代的制约和自身知识水平的限制。人们在阅读经典的时候，更多是从自身需求和时代要求出发，试图从典籍中获得智慧，指导当下生活。意气风发的仕人能够从典籍中寻求到治国治家之道，颓废失意的文人也能从典籍中找到心灵的慰藉，或重整旗鼓、整装待发，或放平心态，保持举世皆浊我独清的心灵宁静。

三、将求真与致用相结合。在正确理解典籍含义的基础上，充分挖掘典籍的当代价值，发挥典籍服务现实的作用。典籍不应被束之高阁，作为我们夸耀历史悠久、文化源远流长的证据；典籍研究也不应该仅仅成为象牙塔里的学问。典籍之所以能成为经典，经久流传而不衰，是因为其本身具有超越时空的不朽价值。儒家典籍中所包含的仁、义、礼、智、信的道德追求，儒家倡导的仁政、德治的治国理念，儒家有教无类、教亦多术的教育理念等，对处理社会关系、治国理政和发展当代教育皆有极其重要的借鉴意义。

虽然我们承认并重视典籍“致用”的基因，但并不支持滥用、误用典籍思想，更不主张为了现实目的曲解或者任意解释典籍。典籍的致用目标必须以求真为前提，在正确理解经典蕴含的优秀传统思想的基础上，达到致用的目的。正如朱熹所说：“大抵读书，先且虚心考其文词指意所归，然后可以要其义理之所在。近见学者多是先立己见，不问经文向背之势，而横以义理加之，其说虽不悖理，然非经文本意也。”（《朱文公文集·答或人书》）

参考文献

[1] 班固. 汉书[M]. 颜师古，注. 北京：中华书局，1999.

[2] 曾振宇，傅永聚. 春秋繁露新注[M]. 北京：商务印书馆，2010.

[3] 陈鼓应. 老子今注今译[M]. 北京：商务印书馆，2006.

[4] 陈寿. 三国志[M]. 裴松之，注. 北京：中华书局，1982.

[5] 程颢，程颐. 二程集[M]. 王孝鱼，点校. 北京：中华书局，2004.

[6] 程树德. 论语集释[M]. 北京：中华书局，1990.

[7] 戴震. 戴震文集[M]. 赵玉新，点校. 北京：中华书局，1980.

[8] 董仲舒. 董子文集[M]. 北京：中华书局，1985.

[9] 董作宾. 董作宾先生全集[M]. 台北：艺文印书馆，

1977.

[10] 范文澜.唐代佛教[M].北京：人民出版社，1979.

[11] 范晔.后汉书[M].西安：太白文艺出版社，2006.

[12] 方立天.中国佛教哲学要义[M].北京：中国人民大学出版社，2002.

[13] 冯友兰.中国哲学史[M].北京：中华书局，1961.

[14] 葛兆光.中国思想史[M].上海：复旦大学出版社，2001.

[15] 顾炎武.日知录集释[M].黄汝成，集释.上海：上海古籍出版社，2006.

[16] 郭伟川.《周礼》制度渊源与成书年代新考[M].北京：国家图书馆出版社，2016.

[17] 韩婴.韩诗外传集释[M].许维遹，校释.北京：中华书局，1980.

[18] 韩愈.韩昌黎文集校注[M].马其昶，校注.上海：上海古籍出版社，1998.

[19] 洪迈.夷坚志[M].北京：中华书局，1985.

[20] 洪修平.中国佛教文化历程（增订本）[M].南京：江苏教育出版社，2005.

[21] 皇朝本纪[M].//万有文库，北京：商务印书馆，1937.

［22］黄宗羲．宋元学案［M］．陈金生，梁运华，点校．北京：中华书局，1986.

［23］贾谊．贾谊集［M］．上海：上海人民出版社，1976.

［24］卡尔·雅斯贝尔斯．智慧之路［M］．柯锦华，范进，译，北京：中国国际广播出版社，1988.

［25］李约瑟．四海之内［M］．劳陇，译．北京：生活·读书·新知三联书店，1987.

［26］梁涛，刘宝才．中国学术思想编年：先秦卷［M］．西安：陕西师范大学出版社，2005.

［27］刘建．佛教东渐［M］．北京：社会科学文献出版社，1997.

［28］刘向．说苑［M］．王天海，杨秀岚，译注．北京：中华书局，2019.

［29］刘勰．文心雕龙注［M］．范文澜，注．北京：人民文学出版社，1958.

［30］陆贾．陆子［M］．北京：中华书局，1985.

［31］陆九渊．陆九渊集［M］．钟哲，点校．北京：中华书局，1980.

［32］罗素．中国问题［M］．秦悦，译．上海：学林出版社，1996.

［33］吕不韦．吕氏春秋［M］．上海：上海古籍出版社，

1989.

[34] 吕澂.中国佛学源流略讲[M].北京：中华书局，1979.

[35] 马端临.文献通考[M].北京：中华书局，2011.

[36] 马祖毅，任荣珍.汉籍外译史[M].武汉：湖北教育出版社，2003.

[37] 欧阳修，宋祁.新唐书[M].北京：中华书局，1975.

[38] 钱穆.国史大纲[M].北京：商务印书馆，2013.

[39] 钱穆.中华文化十二讲[M].北京：九州出版社，2011.

[40] 任继愈.中国佛教史[M].北京：中国社会科学出版社，1985.

[41] 尚书正义[M].北京：北京大学出版社，2000.

[42] 释慧皎.高僧传[M].汤用彤，校注.北京：中华书局，1992.

[43] 释志磐.佛祖统纪[M].释道法，校注.上海：上海古籍出版社，2012.

[44] 司马迁.史记[M].北京：中华书局，1982.

[45] 孙诒让.周礼正义[M].北京：中华书局，1987.

[46] 汤用彤.汉魏两晋南北朝佛教史[M].北京：商务印书馆，2015.

[47] 汤用彤.隋唐佛教史稿[M].北京:中华书局,1982.

[48] 陶弘景.真诰[M].赵益,点校.北京:中华书局,2011.

[49] 王弼.老子道德经注校释[M].楼宇烈,校释.北京:中华书局,2008.

[50] 王充.论衡[M].北京:中华书局,1985.

[51] 王守仁.王文成公全书[M].王晓昕,赵平略,点校.北京:中华书局,2015.

[52] 王守仁.王阳明全集[M].吴光,钱明,董平,姚延福,编校.上海:上海古籍出版社,1992.

[53] 王先谦.荀子集解[M].沈啸寰,王星贤,点校.北京:中华书局,2016.

[54] 王先谦.庄子集解[M].北京:中华书局,1987.

[55] 王先慎.韩非子集解[M].北京:中华书局,1998.

[56] 吴毓江.墨子校注[M].北京:中华书局,2006.

[57] 萧统.文选[M].李善,注.北京:中华书局,1977.

[58] 许慎.说文解字[M].北京:中华书局,1963.

[59] 杨曾文.日本佛教史[M].杭州:浙江人民出版社,1995.

[60] 杨泽波.孟子评传[M].南京:南京大学出版社,1998.

[61] 袁珂．山海经校注[M]．上海：上海古籍出版社，1980.

[62] 圆仁．入唐求法巡礼行记[M]．顾承甫，何泉达，点校．上海：上海古籍出版社，1986.

[63] 张岱年．中国哲学大纲[M]．南京：江苏教育出版社，2005.

[64] 张立文，李甦平．中外儒学比较研究[M]．北京：东方出版社，1998.

[65] 郑玄．仪礼[M]．北京：中华书局，1985.

[66] 朱熹．四书章句集注[M]．北京：中华书局，1983.

[67] 朱熹．朱熹集[M]．郭齐，尹波，点校．成都：四川教育出版社，1996.

[68] 朱熹．朱子语录[M]．北京：中华书局，1986.